陕西省重点学科《经济史》建设基金资助项目

读懂中国
品位文化

诚行天下

中国传统商人诚信文化探寻

中央电视台《百家讲坛》名师宣讲题目之一，国内商帮史知名专家30年研究心血结晶，规范市场经济正常发育的历史借鉴力作，振兴中华民族优秀文化的重要内容之一。

李　刚
刘建仓

著

中国社会科学出版社

图书在版编目（CIP）数据

诚行天下：中国传统商人诚信文化探寻 / 李刚，刘建仓著. --北京：中国社会科学出版社，2012.6

ISBN 978-7-5161-0840-6

Ⅰ.①诚… Ⅱ.①李…②刘… Ⅲ.①商人—职业道德—研究—中国 Ⅳ.①F718

中国版本图书馆CIP数据核字(2012)第092401号

出 版 人	赵剑英
责任编辑	武 云
特约编辑	赵 薇 段 珩
责任校对	沈 宝
责任印制	王 超

出版发行	中国社会科学出版社
社 址	北京鼓楼西大街甲158号（邮编 100720）
网 址	http://www.csspw.com.cn
	中文域名: 中国社科网 010-64070619
发 行 部	010-84083685
门 市 部	010-84029450
经 销	新华书店及其他书店
印 刷	北京君升印刷有限公司
装 订	廊坊市广阳区广增装订厂
版 次	2012年6月第1版
印 次	2012年6月第1次印刷
开 本	710×1000 1 / 16
印 张	12.5
插 页	2
字 数	225千字
定 价	36.00元

目 录
Contents

《 第七章
中国传统商人诚信文化的现实启迪

前　言

　　当社会主义市场经济体制改革发展到攻坚阶段，由于利益驱动所导致的社会主流价值观被边缘化，市场行为扭曲，社会道德底线下移，人们惊呼人心不古、礼崩乐坏的情况下，研究中国传统商人的诚信文化无疑有着极大的现实关怀。

　　中国传统文明从本质上讲是一种农耕文明。农业生产的人地能量平等转换规律——"春种一粒粟，秋收万颗籽"，使中华民族本身具有诚实的品格；而农业生产的季节性，四季流转，春播冬藏，又养成中华民族守时守信的人性特点，从而使诚信成为中华民族的基本人格禀赋。加之千年以讲诚守信为重要内容的儒家思想的教化，当中国传统商人从黄土地脱颖而出时，并没有割断与黄土地的血脉联系，他们身上依然流淌着农民诚实淳朴的血液，这便使得他们在长期的商业经营活动中形成了以诚信为主要内容的商业文化。这种传统商人的诚信文化包括一言九鼎、言不二价、货真价实、戒欺戒诈、见利思义、宅心仁厚、忠厚为本、以义求财、以人为本、骛而不贪、吃亏是福、和气生财等极为丰富的内涵，充分表现了中华民族自强不息、厚德载物的文化特性。难能可贵的是，到明清时期当中国出现市场经济的因素后，中国传统商人将诚信的商业道德上升到市场规则的制度安排层面，通过行会、会馆聚众公议厘定各种行业规则，作为市场活动的基本行为规范，维护市场的正常秩序和商人们的共同利益，使诚信开始出现"团体印章"的功能，表现了中国传统商人与时俱进、自觉自律的历史风貌。

　　中国传统商人的诚信文化是中国传统商人留给我们的一份极为珍贵

的历史遗产。它不仅对促进明清以来市场经济因素的正常发育、维护人际诚信的道德规范起了重要的历史能动作用，而且以更多关注人际诚信的伦理关怀，弥补了西方诚信过于强调利益维护的不足，为人类文明的发展作出了自己应有的贡献；同是还为今天社会主义市场经济的发展、建立以诚信为主要内容的市场规则和社会诚信制度、完善社会主义的道德范式和繁荣社会主义文化提供了历史基础和可供操作的历史经验。科学耙疏、深入挖掘中国传统商人的诚信文化，整理中国传统商人的诚信文化遗产，传承创新中国传统商人的诚信文化，对于提升中国在综合国力竞争中的地位、增强国家文化软实力和中华文化的国际影响力有十分重要的作用和意义。反之，如果中国传统商人诚信文化在我们这一代人手中失传，就会前对不起先人，后对不起后人，内对不起国人，外对不起世人。正像刘云山同志所指出的那样："任何一个国家和民族文化的发展，都是在既有文化传统基础上进行的文化传承、变革与创新。如果离开传统、割断血脉，就会迷失方向、丧失根本。在全球化趋势深入发展的今天，必须充分认识我国传统文化的历史意义和现实价值，以礼敬自豪的态度对待我们的优秀文化传统，努力在继承优秀传统文化的基础上铸造中华文化的新辉煌。"①

以往对传统商人诚信的研究，主要侧重于个人道德养成的层面，而没有上升到文化的高度去认知。其实，传统商人的诚信作为整合社会诚信资源的制度、规范，是"硬实力"，可以减少商业的交易成本，产生巨大的经济效益；同时诚信作为社会和个人的道德规范，又是荣辱价值观的重要内容，是"软实力"。两者的综合，自然构成特定的文化现象。只有将中国传统商人的诚信上升到文化的高度，才是"以礼敬自豪的态度对待我们的优秀文化传统"，才会自觉地将传统商人的诚信文化纳入中华民族优秀传统文化的范畴，努力去发扬光大。这是本书的一个新的视角和主要贡献。

传承传统商人的诚信文化贵在创新。传统商人的诚信文化毕竟是在自然经济占主导地位、商品经济不够发达，市场经济因素初露端倪的历史

---

① 刘云山：《大力弘扬中华文化，建设中华民族共有精神家园 更加自觉、主动地推动社会主义文化大发展大繁荣》，《人民日报》2007年10月29日。

条件下形成和发展起来的商业文化，它自身必不可避免地带有社会信用缺失、社会公德缺失和法律后援缺失的历史局限性。这便要求我们在传承传统商人诚信文化的同时，注意剔除传统商人诚信文化中所包含的小农意识、熟人观念、农本情结等落后于现代的糟粕，更要下气力融入现代市场经济下的现代诚信文化所要求的民主精神、科学精神、法治精神、竞争精神、公平精神等新理念，尤其注意突出现代诚信文化所要求的经济范畴、法制保证，使诚信社会化、公德化、制度化和法制化，这样才能使传统商人的诚信文化枯木逢春，老树新芽，永葆其旺盛和可持续发展的生命力。

我的研究方向是中国经济史，尤其关注明清以来的中国商帮史，对文化本是外行。只不过由于偶然的一个机缘，中央电视台《百家讲坛》栏目组让我就传统商人的诚信做一个专题宣讲，在准备讲稿的过程中，我不得不深入中国传统商人诚信文化的各个层面，遂有了一些新的认识和想法，便产生了索性将其整理成专著的冲动，结果就是读者面前的这一本幼嫩的小书。

书中还存在许多不足之处，敬请读者及时指出。但它表现了我对中国传统商人诚信文化的一种崇敬和珍视的自觉态度。

作者

2011年10月21日于西北大学五车斋

第一章

中国传统商人诚信文化研究的意义

　　"诚信"作为一种古今中外普遍存在的行为规范和文化现象，有着极其丰富的内涵。"诚信"作为市场经济的运营规则，是社会经济制度安排，是"硬实力"；"诚信"作为社会道德规范，作为社会成员的行为准则，属于道德意识形态，是"软实力"。

第一节
中国传统商人诚信文化研究的历史意义

　　"诚信"作为一种古今中外普遍存在的行为规范和文化现象，有着极其丰富的内涵。"诚信"作为市场经济的运营规则，是社会经济制度安排，是"硬实力"；"诚信"作为社会道德规范，作为社会成员的行为准则，属于道德意识形态，是"软实力"。它们都包含在"文化"的物质和精神的层面，可以统称为"诚信文化"。

　　"中国传统商人"是指自春秋战国直到近代西风东渐所导致的按近代经营理念从事商业活动的新式商人产生以前，中国的私人或私营商人。

　　在中国传统商人数千年的商业经营实践中，始终贯穿着一条"诚信经商"、"以义求财"的红线，使之成为中国传统商业的显著特点和中国优秀商业文化的核心价值。研究这一中国传统商业的主流文化现象，有重要意义。

　　中国自春秋时期，私人自由商人摆脱"工商食官"的管理体制，作为独立的社会力量登上历史舞台后，就存在两条根本不同的经营路线和经营理念。一条是"利益诚信观"，另一条是"伦理诚信观"。

　　最早提出"利益诚信观"的是管子。他认为趋利避害是人之本能，"见利莫能勿就，见害莫能勿避。其商人通贾，倍道兼行，夜以继日，千里不远者，利在前也"，所以要"因势利导"，而"民自美安"。①而后，荀子更将"趋利"与人欲相联系，"饥而欲食，寒而欲暖，劳而欲息，好

――――――――――
　　① 《管子·禁藏》。

利而恶害，是人之所生而有也"，从而得出"人生而有欲"的结论①。而"利益论"的集大成者是韩非。韩非从"人生而自私"的目的论出发，认为人间的一切都是一种自为自利的交换关系。在韩非看来，君臣关系是"君卖官爵，臣卖智力"的关系；父子关系是"计之长利"的关系；医生所以"吮人之伤，含人之血，非骨肉之亲，利所以加也"。就是卖车的人也愿意将车子卖给有钱人，而卖棺材的人总盼望别人夭亡，这并不是"舆者仁而棺人贼"，而是"人不贵则舆不售，人不死则棺不卖"。就连雇佣关系在韩非眼里也是一种利益交换关系，"主人费家而美食，调布求易钱币，非爱佣客也"，而是使佣客更好地劳作；反之，"佣客致力而疾耕，尽巧而正田畴者，非爱主人也"，而是为了"羹且美，钱币且易也"。②他把人间的一切都沉浸在利己主义的冰水之中。到后来司马迁干脆将其概括为"天下熙熙，皆为利来；天下攘攘，皆为利往"。③

人们趋利的自私本性，在商业操作层面上怎么执行？从白圭、范蠡以来提出了一套凭智慧、技巧取利的行为设计。范蠡提出"无敢居贵"的积蓄之术，白圭提出"乐观时变"的待乏之理，管子更有"币重物轻"的轻重理论，到荀子更将其提升到"商以察尽财"的理性高度。这种按商业规律凭合理机巧取财赢利的行为，在当时人看来就是"正贾"，就是讲求诚信，否则就是"奸商"、就是"贪贾"，这就形成了"利益诚信观"。

但是，在利益诚信观刺激下"商劳少而利多"的比较效益差异，"以贫求富，农不如工，工不如商，刺绣文不如倚市门"的社会现实，使人们看到了利益刺激所导致苦乐不均的社会正义缺失和由此而可能产生社会成员"弃农经商"的发展趋势。为了维护社会正义，维持协调的生产比例，便产生了对商人的趋利行为进行伦理限制的呼声，由此而开始形成"伦理诚信观"。最早提出"伦理诚信观"的是齐国的晏婴，他提出"义以生利，利以丰民"，④这里的"义"即是社会正义，在获取自身利益的同时

① 《荀子·非相》。

② 《韩非子·备内》。

③ 《史记·货殖列传》。

④ 《国语·郑语一》。

"不侵犯他人的利益"。他还举例说:"且夫富,如布帛之有幅也,为之制度,使无迁焉",①主张从制度层面对商人们的趋利行为进行限制。将晏婴"伦理诚信观"加以扩充和深化的是孔子。他将晏子的"义"更提升到"礼"的高度,认为追寻"利"要合乎"礼"、遵乎"道","富与贵,人之所欲也,不以其道得之,不处也;贫与贱,人之所恶也,不以其道缚之,不去也"。②并提出"义"先"利"后的次序安排和"君子喻于义,小人喻于利"的职业目标分层。由于儒家思想后来被统治阶级尊崇为主流价值观,所以孔子的"伦理诚信观"对后世影响极大。继孔子而后的孟子也坚持伦理诚信观,但他与孔子不同之处在于,当个人层面的利益诚信观与伦理诚信观发生冲突时,他主张不应像孔子"不义且富贵,于我如浮云"那样清高,而要进行效益比较,设法使之统一,"轸兄之臂而夺之食则得食,不轸则不得食,则将轸之乎;逾东墙而搂其处子则得妻,不搂则不得妻,则将搂之乎"。③

进入秦汉以后,这两种诚信观依然并行纠结在一起,形成二元商业文化并存的市井画卷。一方面,一部分诚商良贾继续坚持"伦理诚信观",依靠勤奋劳动致富,诚实经营发家,"今世农夫所以蚤出暮归,强乎耕稼树艺,多聚菽粟,而不敢怠倦者何也? 曰,彼以为强必富,不强必贫强必饱,不强必饥,故不敢怠倦。今世妇人之所以夙兴夜寐,强乎纺绩织纴,多治麻素葛绪,捆布掺丝,而不敢怠倦者何也? 曰,彼必强必富,不强必贫,强必暖,不强必寒,故不敢怠倦"。④司马迁写《史记·货殖列传》专门记录了在汉代"富商大贾,周流天下,交易之物莫不通,得其所欲"的条件下,出现了像卓氏、孔宛氏、刁间、任氏这样一大批有名的商人,被司马迁称为"贤人",为他们树碑立传。这是因为在司马迁看来,这些著名商人就是坚持了伦理诚信观,他们发家致富"皆非有爵邑奉弄法犯奸而富",而是因为掌握了商品流通规律,形成一套"椎埋去就,与时俯仰,

---

① 《晏子春秋·问上》。

② 《论语·里仁二》。

③ 《孟子·告子下》。

④ 《墨子·非命》。

获其赢利，以末致财，用本守之，以武一切，用文持之，变化有概"的经营经验，才得以"千金之家比一郡之邑，巨万者乃与王者同乐"①。另一方面，一部分奸商贪贾在"利益诚信观"刺激下，"不轨逐利之民，操纵物价，兼并豪党之徒，垄断乡曲"，他们开始走上靠"攻剽椎埋，却人作奸，掘冢铸币，任侠并兼"②的非诚信手段发财道路，"大者积贮倍息，小者坐肆列贩，操其奇赢，日游都市，乘上之急，所买必倍"，严重搅乱了社会正常的经济秩序，损害了社会公正，"男不耕耘，女不蚕绩。衣必文采，食必粱肉……因其富贵，交接王侯……千里遨游，冠盖相望，乘坚策肥，缟丝曳缟"，造成"商人所以兼并农人，农人所以流亡也"③的局面，搞得汉武政府极为愤慨，经济上实行"告缗"，没收商人的财产；政治上思想上实行"罢黜百家，独尊儒术"，使"伦理诚信观"成为社会主流诚信观，并在以后的漫长岁月里，占据着主导的地位。

在魏晋南北朝时期，经济上因战乱而退回到自然经济，返璞归真；可商品经济顽强地发展，又形成钱神卓地的局面，鲁褒的《钱神论》"钱之所在，危可使安，死可使活。钱之所去，贵可使贱，生可使杀"④反映了"利益诚信观"的顽强存在和对商人们的影响。

到唐代，唐王朝的励精图治，使商品经济恢复和发展到前所未有的高度，出现了像王元宝、邹凤织、王酒胡这样一大批靠诚信经营发财、富可敌国的大商贾，尤其是出现了像窦某和宋清各自代表"利益诚信观"和"伦理诚信观"的典型。

窦某，长安著名商人。他在长安西市买油靛数石，雇人执爨，佣人剗破麻鞋，制为法烛，鬻之，获无穷利。先是西市称行之南，有十余亩坳下潜污之地，目曰小海池，为旗亭之内众秽所聚。窦某遂求买之，其主不测，窦某酬钱三万。既获之，于其中立标悬幡标，绕池设六七铺，制造煎饼及团子召两街小儿掷瓦砾击幡标，中者以煎饼团子赉。不逾月两街小儿

---

① 《史记·货殖列传》卷一百二十九。
② 《史记·太史公自序》。
③ 《汉书·艺文志》。
④ 《全晋文》138卷。

竞往，计万万，所掷瓦砾已满地矣。遂经度造屋二十间，当其要害，日收利数千，甚获其大要。店今存焉，号为窦家店。又见五月初，长安盛飞榆荚，他扫聚得斛余，遂往诣伯所，借庙院习业。伯父从之。昼则往庙中，以二插开隙地，汲水渍之，布榆荚于其中。寻遇下雨，尽皆滋长。比及秋，森然已及尺余，千万余株矣。及明年，榆栽已长三尺余，窦某遂持斧伐其并者，相去各三寸。又选其枝条稠直者悉留之。所间下者，二尺作捆束之，得百余束。遇秋阴霖，每束鬻值十余钱。又明年，汲水于旧榆沟中，至秋，榆已有大者如鸡卵。更选其稠直者，以斧去之，又得二百余束，此时鬻利数倍矣。后五年，遂取其大者作屋椽，仅千余茎，鬻之，得三四万余钱。其端大之材，在庙院者，不啻千余皆堪作车乘之用。此时生涯已有百余，自此币帛布裘白结，日歉食而已。有胡人米亮，因饥寒，见辄与钱帛，凡七年，不之问。异日，又见亮，哀其饥寒，又与钱五千文，亮因感激而谓人曰："亮终有所报大郎。"窦某闲居，物何亮且至，谓窦曰："崇贤里有小宅出卖，直二百千文，大郎速买之。"又西市柜坊，锁钱盈余，即依直出钱市之。书契日，亮语窦曰："亮攻于览玉，常见宅内有异石，人罕知之，是捣衣砧，真于阗玉，大郎且立致富矣。"窦未信之，亮曰："延寿坊召玉工观之。"玉工大惊曰："此奇货也！"攻之当得腰带夸二十副，每副百钱，三千贯文遂令琢之，果得数百千价。又得合子执带头尾诸色杂类，鬻之，又计获钱数十万贯。其宅并元契，窦遂与米亮，使居之以酬焉。[1]这完全是按照"利益诚信观"靠机巧致富的典范。

而另一位长安著名药商宋清，则遵循"伦理诚信观"，"有自山泽来者，必归宋清氏，长安医工侍冀遵已。轻皆乐然相应……虽不持钱，皆与善约。积券为山，未尝谐券，终不复言"[2]。《唐国史补》也记载他"清药铺其方，辄易售，咸誉清。疾病叩痛亦皆乐就清求药取值。或不是逢与券，清不为此。岁终，度不能报，辄焚券"、"贫士请药，常多折腾，人有急难，倾财救之"，被长安人誉为"人有义声，卖药宋清"，成为"伦

---

① 《乾撰子》，引自武伯伦：《传播友谊的丝绸之路》，陕西人民出版社1983年版，第20页。

② 柳宗元：《柳河东集·宋清传》。

理诚信观"的著名代表。与之同时又还存在大量像诗人元稹在《估客乐》中描写的靠投机取巧、假冒伪劣欺诈发财的不良商人。"估客无住著，有利身则行。出门求火伴，火伴相勒缚，卖假莫卖诚。交关但交假，本生得失轻。鍮石打臂钏，糯米吹项璎。归来村中卖，敲作金石声。所费百钱本，已得十倍赢。求珠驾沧海，采玉上荆衡。北买党项马，西擒吐蕃鹦。经游天下遍，却到长安城。城中东西市，闻客次第迎。先问十常侍，次求百公卿。侯家与主第，点缀无不精。归来始安坐，富与王者勍。"①

进入宋元明清后，由于市场经济因素的萌生，中国商业开始呈现出不同于以往的新局面。

凡此均说明，诚信文化是贯穿于中国商业史几千年发展过程中的主流价值观和基本的商业经营原则。研究传统商人的诚信文化，对于了解中国商业的发展历史、了解中国传统商人的经营理念和经营风格、了解中国传统商人的心灵变迁、了解中国传统商人的优秀品格，都有重要的历史意义。

---

① 《唐诗选》，人民出版社2005年版，第217页。

<h1 style="text-align:center">第二节</h1>

<h2 style="text-align:center">中国传统商人诚信文化研究的理论意义</h2>

中国传统商人诚信文化研究，长期以来是中国商业文化史和中国经济思想史研究的薄弱环节。这一方面是因为在计划经济体制下不注重商业和流通，因而也不会引起人们对商业经营思想和商业经营原则的研究。尽管此间出版的一些经济思想史著作，如胡寄窗先生的《中国经济思想史》[①]三卷本，虽然也谈到了诚信的有关问题，但也是散见于各个章节，并没有进行专门的论述；陈绍闻先生1982年编撰的《中国古代经济文选》[②]也没有收录这方面的内容。另一方面，实行市场经济体制改革以来，初期人们更多关注市场利益驱动的研究，对市场经济的负面效应没有给予足够的重视，也没有进行前瞻性研究。只是到了20世纪90年代以后，当市场经济利益驱动下所导致的各种不正当竞争行为普遍滋生，社会上各种假冒伪劣产品甚嚣尘上，才引起了学术界以及社会各界对市场规则研究的重视，其中建立以诚信为主要内容的社会主义市场规则的需要，引起了人们对诚信研究的热望，周军《市场规则形成论》[③]就辟有专章研究诚信问题。而这一时期对中国商业优良传统的研究成为学术界关注的热点问题，其中明清时期产生的十大商帮有不少诚信经营的经验，被人们给予了及时的总结，如由张海涛先生主编的《中国十大商帮》[④]、张海潮先生撰写的《徽商研究》[⑤]、张正

[①] 上海人民出版社1962年版。

[②] 上海人民出版社1982年版。

[③] 人民出版社2005年版。

[④] 岳麓书社1995年版。

[⑤] 安徽人民出版社2005年版。

明先生的《晋商兴衰史》①、李刚撰写的《陕西商帮史》②和其主编的《大话中国十大商帮丛书》③都有专节对历史上传统商人的诚信进行评述。进入21世纪后，随着中国市场经济体制的初步建立，利益驱动所引起的道德滑坡使得社会主义现代道德重构成为刻不容缓的社会问题，尤其是党的"十七大"提出的经济与社会协调发展，"八荣八耻"的社会主义道德观，使重视社会正义和社会道德成为学术界新的热点问题，人们开始重视对中国优秀商业文化的研究，其中出现了不少有关诚信优良传统研究的专门著作，如孔祥毅先生的《晋商学》④，余英时《中国近世宗教伦理与商人精神》⑤，吴慧《经商智慧》⑥，房秀文、林锋主编的《中国商业文化史论》⑦，唐凯麟、陈科华《中国古代经济伦理思想史》⑧，以及卢希悦编著的《中国文化经济学》⑨。在此期间北京大学梁小民教授撰写的关于传统商人诚信局限性的系列文章，更具有拨雾见真的作用。

综观中国学术界对传统商人诚信的研究，至今还只是停留在对传统商人诚信优良传统研究的层面，还没有将中国传统商人诚信提升到文化的高度进行整体性研究，亦没有专门著述出现，留下了空白。

而研究中国传统商人的诚信文化，有非常重要的理论意义。

首先，中国传统商人的诚信文化具有"社会目的论"的哲学和经济伦理学意义。中国从春秋战国以来产生和发展起来的"利益诚信观"和"伦理诚信观"，重视对社会经济生活中存在商品经济的"利"与"义"两个方面问题的研究，既看到利益驱动对经济生活和社会生活的巨大刺激作用，在"好利而恶害，是人之所生而有也"的命题下，对利益的强大推动机能做了充分的论证。如司马迁论及的"利来攘往"学说，他认为人间

① 山西经济出版社1997年版。

② 西北大学出版社1997年版。

③ 陕西人民出版社2007年版。

④ 经济科学出版社2005年版。

⑤ 安徽教育出版社2001年版。

⑥ 中国青年出版社1995年版。

⑦ 中国经济出版社2011年版。

⑧ 人民出版社2005年版。

⑨ 经济科学出版社2009年版。

一切活动的目的就是追求利益。贤人"深谋于庙堂，议论于朝廷"是"归于富厚"；战士"攻城先登，陷阵却敌，斩将搴旗，不避汤火之难者"是"重赏使也"；赌徒"博戏驰逐，斗鸡走狗，作色相矜，必争胜者"是"恐失负而冀胜赢"；甚至赵女郑姬"设形容，鼓鸣琴，揄长袂，蹑利屣，目挑心招"也是为了"奔富厚也"。并指出，追逐利益是"不学而俱欲者也"的人性使然，"若水之趋下。日夜无休时，不召而自来，不求而民出之"①的客观历史过程。这些精彩的议论与1776年西方人亚当·斯密在《国富论》中提出的"经济理性人"假说有惊人的相似之处，但却比斯密早了将近两千年。

难能可贵的是中国重商主义思想家在充分认识利益驱动刺激作用的同时，对利益驱动可能带来的负面效应有足够的意识，他们看到了利益驱动所引起的社会正义缺失和社会道德的崩毁，提醒人们对利益追逐的非诚信行为要进行"因势利导"，"善者因之"，其次"利导之"，再次"整理之"，"最下者与之争"。②并提出用制度安排的办法，通过行为规则"且夫富，如布帛之有幅也，为之制度，使无迁焉"，③来限制对财富的无限追逐和贪欲。在此基础上，他们提出了"义"的概念，即"伦理诚信观"。"义"就是社会正义和社会公平，就是"追求利益不损害他人的利益"，这是有极高理性含量的命题。而"义"在社会人心追逐的目的过程中是放在"利"前面率先考虑的大问题，即在顾及社会公平的基础上追求效益，才是真正的效益，否则"不义且富贵，于我如浮云"。这样，中国思想家一开始就提出了"公平"与"效益"的关系问题，这是弥足珍贵的人类思想认识成果，具有极其重要的价值意义。而"义"在技术操作层面又表现为"道"，就是规律，就是规则，"君子爱财，取之有道"，是制约"利"的制度和思想道德利器。他们提出的"利因道生"，"以义制利"又具有实际操作的工具意义。这些认识成果对于正确把握市场及其市场经济的正常发育具有理论前驱的作用。而这些认知，西方只是到了两千年以

---

① 《史记·太史公自序》。
② 同上。
③ 《晏子春秋·问上》。

后，才由亚当·斯密在《道德情操论》中进行了积极的思考，并在更后一些的20世纪，才由马克斯·韦伯在《新教伦理与资本主义精神》中进行了展开的论述。这种针对市场和市场经济正负两个方面的效应提出的"利益诚信观"和"伦理诚信观"，对于规范市场及市场经济的正常发育、促进社会经济的协调发展，对于促使社会良好道德情操的形成都具有理论的前瞻意义。

其次，中国传统商人的诚信文化具有生命本体论的理论价值。中国传统商人的两种诚信观，其最终归结是对生命本体的认识，是生命"本善"抑或是"本恶"的世俗表现形式。"伦理价值观"的本源是"性善论"，自从儒家倡导"人之初，性本善"以来，长期是中国占主体地位的生命本体观念。"伦理诚信观"正是从这一生命的本善出发，认为"贾与他业虽异，然身关三尺。岂可儿戏乎！"①生命本善在商业实践中，必然要求诚实善良、宅心仁厚、不贪不诈、不取不义之财，这是生命本善对商人们的心灵制约，依此才能既使自己心境平和，自然豁达，坦然面对商场中的赔赚折阅，正确看待商业纷争里的起起落落，保持"凡人处于得意之境，必要想到失意之时，譬如戏场上，没有敲不竭之锣鼓，没有穿不尽之衣冠。有生旦，有净丑，有热闹就有凄凉，净丑就是生旦的对头，凄凉就是热闹的结果。仕途上多净丑，宦海中易得凄凉，通达事理之人，须在热闹之中，收锣罢鼓，不可到凄凉境上，解带除冠"②的练达心态；又可对外树立良好的市场信誉和市场形象，并依靠良好的市场形象推广自己的商贸事业。唐代长安商人宋清，仁义经商，人有急难，倾财救之。有同行不肖，认为宋清这样做是"博取名声"，宋清一笑置之，不以为然。由于宋清卖药货真价实，讲求信誉，不欺贫寒，能急人危难，结果满城人皆购宋药，清亦乐然响应，"求者益众，具应益广"，"终得大利"，就是最好的证明。而陕商王君在兰州做生意，经营三十余年，家有薄资，一日独游黄河之滨，见一少年欲投河寻死，急止而询之，原来少年将收得的债金百余金不幸丢失，无法复账，投河欲死。王君听罢，沉思良久，遂执子之手引至酒肆，

---

① 李刚：《陕西商帮史》，西北大学出版社1997年版，第217页。
② 殷俊玲：《晋商与晋中社会》，人民出版社2006年版，第117页。

写一欠债百金的欠条，交给了这个少年，并对青年说："我家在某处，明日持券来，我帮你还债。"第二天少年至，王君携其归家，对家人说："此乃故人之子，我当年欠其父之债，当速还之。"儿子们奉父命以百金授之，少年受金拜谢而去。待王君殁后数年，少年复至，泣拜祠堂并倍还其金，才说出了前情。①这更是传统商人心地良善的集中表现。所以，河南社旗山陕会馆戏楼悬挂的牌匾上书"既和且平"四个大字，就是传统商人对生命本善的直观表达。

"利益诚信观"的本源是"性恶论"。自从荀子创立"性恶论"并被墨子发展以来，他们认为"人生而利己"，"饥而欲食，寒而欲暖，劳而欲息，好利而恶害"是人的本性，所以追求欲望的满足是正当的和没有止境的，当欲望得不到满足时，就必然"出于争夺"，②说明人性是恶的，善是人为的、后天教化的结果。而"性恶"在社会生活实践层面就表现为人们对利益的追求，这是符合人的天性的，是正义的，所以墨子说："义，利也"，"义可以利人，故曰义"。③但墨子又认为，人追求私利的功利动机不能脱离社会人群而存在，利是交互的，"利人者，人必从而利之，害人者，人必从而害之"，④他主张人通过利己达到互利，实现利他。在商业实践上就是人人可以利己，但不能损人，这与儒家强调的"追求利益不能损害他人利益"是殊途而同归。清人石成金所撰《通天乐》中，就记载了一位传统商人兢兢业业从事商业经营的故事。清康熙初年，扬州有一韩姓商人，开张柴米大铺，因他有机谋，每日打探各处柴米价值，某处价贱，即往买来发卖，某处价贵，即改往贱处贩卖。他终日只在财上盘算，披星而出，戴月而归，年纪才三十七岁，形容衰老，犹如六十余岁。他说话从不失信，所以人们都愿意与他交契。未曾十年创业家资约有千金。

韩姓商人做生意实属不易。他打探得里河场内出红草极多，每千束竟有四五两之得。韩人大喜，雇两只大船，往来装贩多次，果然得大利。不

① 乾隆《狄道州志》卷二，台湾成文出版社1972年版。
② 《荀子·非相》。
③ 《墨子·耕柱》。
④ 《墨子·兼爱》。

意山洪暴发，要红草打坝，江都县令将一切草船封贮，运送河塘，候领官价。韩人候领草价，亏折三十余两，焦愁恼闷，右眼红肿，未过一月，右眼已瞽，只留左眼一只。人都顺口叫他瞎苦鬼。他眼睛才医好了两个月，闻得瓜洲芦柴有利，步行至瓜洲买柴，忽然阴云四起，狂风大雨。他在门外檐下蹲了一夜，受了风寒，遍身火热，疼痛呼号，医治三个多月，用去许多银子，才得少愈。

复又闻瓜洲南米价贱利重，不候痊愈，就到瓜洲买了一船米，贩到扬州卖。不意船到扬子桥，被一漕船将船截漏，米被水浸，坏去三十余石，每石不得半价，韩人气填胸膈，腰上忽起一大疽，当此重疽，他并不宽怀，时刻暴躁，后五六日，竟至命绝。寿只四十二岁。①

这位韩姓商人终生都在追求自己的利益，除对自己刻薄外，应该说没有太大的毛病。而他在客观上为当地提供了柴米，提供了红草，满足了社会需求，加上"他说话从不失信，所以人们都愿意与他交契"，应该说他就是墨子所说的"交相利，兼相爱"。而这种"交相利"，主观为自己，客观利他人的"社会契约论"西方直到16世纪以后，才被启蒙思想家提了出来。所以说，无论"利益诚信观"还是"伦理诚信观"，都是中国人对生命本体积极认识的思想成果，具有先驱性和前瞻性的价值意义。

---

① 石成金：《通天乐》，雍正年间刻本影印本，第一种。

第三节

中国传统商人诚信文化研究的现实意义

历史有惊人的相似之处。今天社会主义市场经济体制初步建立，利益驱动所导致的经济和社会矛盾凸显，使我们面临与明清时期社会转型极其相似的历史环境。在这种情况下，继承中国商人诚信文化的优秀传统，对于构建以诚信为主要内容的市场规则、促使社会主义市场经济正常发育、重构社会主义的诚信道德规范，有重要的现实意义。

首先，继承中国商人诚信文化的优秀传统，是构建社会主义市场规则的历史支撑。市场经济是利益驱动的经济，它既从利益层面极大地刺激了社会各个利益主体生产和经营的积极性，从地下呼出了社会生产力的"现代魔鬼"，调动了社会财富的创造力量。但市场经济唯利是图的本性，又会驱使各个市场主体行为失范，产生巨大的无序力量，冲击传统道德的堤坝，将人与人的关系变成赤裸裸的金钱关系，将人间的一切都淹没在利己主义的冰水之中。更为严重的是，比较成本的需要，以最小的成本获取最大利益的冲动，会自然诱发市场主体产生不正当竞争行为，使缺斤短两、坑蒙拐骗、假冒伪劣、欺行霸市成为市场行为的常态，出现不合理不合法的潜规则成为社会默认的明规则的荒诞现实。在这种情况下，构建以诚信为主要内容的社会主义市场规则，就成为规范市场行为、保证社会主义市场经济正常发育刻不容缓的前提。而继承中国商人诚信文化的优秀传统，则为我们构建社会主义市场规则提供了历史支撑。远水不解近渴，西方建立在健全法制基础上的市场规则非我们一朝一夕能够建立，在这种现实情况下，继承中国商人诚信文化的优秀传统，就为我们提供了构建社会主义市场规则最简便、最直接、最具备操作性和最易于被中国民众接受的历史基础。中国民众对传统的认同远大于法律。社会主义以诚信为主要内容的市场规则的构架，如果没有中国传统商人诚信文化的支撑，就缺乏中国文化含量，不能显现它的中国特色，这正是中国传统商人诚信文化遗产最有生命力的所在。

其次，继承中国商人诚信文化的优秀传统，是培植企业核心竞争力的重要组成部分。在市场经济下，企业是市场主体，继承中国商人诚信文化的优秀传统，使企业形成诚信经商、以义取利、靠信求财的正当行为，是培植企业公信力、美誉度和透明度核心竞争力的重要内容。历史和现实都证明，凡是讲求诚信的企业，便能够在市场竞争中获得生存和发展，凡是违反诚信的企业都最终被市场所淘汰。北京的"同仁堂"药店为什么历经700年而长盛不衰；山西广益远药铺为什么600年源远流长；陕西人在康定办的"德泰和"茶庄为什么历经600年而根深叶茂，就是他们始终遵循诚信的市场规则，在消费者中取得了很好的市场信誉、获得了很大的市场占有率，所以才"颇能创树规模，相嬗不变者数世"。相反，著名企业上海"冠生园"食品店，在民族企业家冼冠生的诚信经营下，百年以来扬名中国，美誉世界，但因其南京分店的一个"假月饼"事件，使一个百年著名企业毁于一旦，几代人的努力付诸东流。山西"杏花村"假酒案，使百年名酒"杏花村"汾酒，名声扫地，没有几十年的努力难以再现辉煌。这些都说明，培植企业的诚信经营理念和行为，是企业发展壮大、立于市场不败之地的重要保证。同时，企业是市场经济的微观基础。企业遵循诚信的市场规则，就会保证社会主义诚信市场规则得到有力的贯彻，就会有效遏制企业非诚信竞争中的市场行为扭曲。

再次，继承中国商人诚信文化的优秀传统，是重构社会主义道德规范的重要措施。市场经济的趋利性质，将人们心目中的"复仇女神召回战场，与现存的道德相对立"，利己主义无序力量的冲击，使传统的社会道德秩序土崩瓦解，"用道德换效益"所造成的道德荒漠化已成为社会不争的现实。在这种情况下，呼唤社会诚信良知的复归，重构社会主义诚信的道德规范，就成为全社会亟待解决的现实问题。经济发展了，生活改善了，道德败坏了，这样的市场经济有什么意义。中华民族是礼仪之邦，我们党所提倡的"八荣八耻"社会主义主流道德观，其中之一就是"以诚实守信为荣、以见利忘义为耻"，而继承中国商人诚信文化的优秀传统，与社会主义主流道德观的要求是完全一致的，毋宁说它本身就构成主流道德观的历史基础。所以，继承中国商人诚信文化的优秀传统，使全社会形成以诚实守信为荣的道德操守，不仅对于保证社会主义市场经济的正常发育，而且对于展现社会主义的文化优越性，保持中国人民自爱自尊的优秀历史风貌，都有极为重要的现实意义。

第二章
中国传统商人诚信文化形成的基础

　　诚信作为一种市场经营规则，是以一定的市场发展程度为前提。诚信作为社会成员共同遵守的道德规范，也是以一定的社会经济发展为基础。"仓廪实而知礼节，衣食足而知荣辱"；中国传统商人的诚信文化说到底是社会经济发展要求的必然产物。

诚信

第一节
中国古代市场及其市场经济因素发育的需要

在中国，市场产生得很早。还在原始社会中期，就有"神农氏召天下之民，聚天下之财，日中为市，交易而退，各得其所"①的记载。不过这里的"市"是草野之市，是人们在田野里找一块地方，聚在一起进行交换，史称"聚者为市"，孟子在《滕文公·上》记载，那时的交换形态是"有贱丈夫垄断而登之，以罔市利"，就是说，在田野里才有垄断，商人才可以站在高坡上左顾右盼。由于此时市场不固定，人们交换东聚西散，往返跑路，极大增加了交易成本。为了节省交易成本，要求市场能够固定下来，人们发现有井的地方，一方面有水，可以洗涤商品，反映了交换空间的扩大；另一方面，有水的地方有人家就会有需求，于是人们开始把市搬到有井的地方，叫"因井成市"，孟子就说过"在国为市井之臣"②的话。不过，此时的"市井"还在田野里，只不过从过去不固定的市场变为固定的市场罢了，表现了交换的进步。进入阶级社会后，统治阶级为了保护他们的财富，开始筑"城"，为了满足城里人交换的需要，便将田野的"市"搬进城里，叫"城中设市"。在中国封建社会的初期，由于实行严格的等级制，市场的建设受到了严格的限制，必须尊崇"左祖右社"、"前朝后市"的形制，表现了统治者重本抑末，压制商业的意志。并且全国统一模式，体现了大一统帝国的特点。

---

① 《易经·系辞》。
② 《孟子·滕文公（上）》。

　　而且，在中国周秦汉唐的漫长历史岁月里，为了加强对市场和商业的管理，长期采取"坊市制"的管理模式，居民居住的坊巷与市场是分离的，市场在固定的地点，还要用墙与之隔离，叫"阛"，"阛者，市墙也"，①还有市门叫"阓"，所以后来"阛阓"就演变为市场的代名词。这种市场建制的制度安排，使市场交易受到时间和空间的极大限制。从空间上讲，交易必须到市场里进行，场外交易是不允许的，是要受到制裁的；从时间上讲，有市门就有关闭之时，市里设有"望楼"，有专人击钟司鼓，"晨钟暮鼓"的成语就是由此而来。这样既限制了交换，又增加了交易成本，使买和卖都处于不便利的条件下。市场内部的交易也是严格管制，同一种类商品集中在一起，称做"肆"，交易形式是"坐肆列贩"，中间用道路分开，班固写《西都赋》描写汉长安的市场是"市开九场，货别而隧分，人不得顾，车不得旋"，说明各肆之间的道路很狭窄，市场很拥挤。在这种市场管理体制下，市场很难得到有力的扩展和发育，完全是政府管制下的非自由贸易体制。

　　尽管农村市场官府管理比较疏松，时空自由度比较高，但由于受农业生产时间的限制，"日中为市"以不误农时；加之受农村购买力低下的制约，还主要停留在农村集市贸易的初级市场阶段，交换还主要是为满足需要之间的互通有无，而非大规模地获取价值增值，即是说交换还主要是为了"谋生"，而不是为了"谋利"，市场还处于"三十亩地一头牛，老婆孩子热炕头。留下一亩种豆子，换回豆腐换回油"和"打得柴来街前卖，换得油盐换得茶"的"靠山吃山，靠水吃水"的自然经济下的低级阶段。北宋僧人释道潜曾经写过一首《归宗道中》诗，为我们记载了这种农村集市的具体情形："逶迤转谷口，悠悠见前村。农夫争道来，聒聒更笑喧。数辰竞一墟，邸店如云屯。或携布与楮，或驱鸡与肫。纵横箕帚材，琐细难俱论。老翁主贸易，俯仰众所尊。"②

　　在这种市场总体构架下，城市市场在坊市里有官府的市长、市令、贾师的严格管理，在农村市场，有"老翁主贸易，俯仰众所尊"，坑蒙拐

---

①　《说文》。

②　释道潜：《参寥子诗集》卷一。

骗的商业欺诈行为由于受到官府的强力压制和熟人社会的制约，自古有之，却不可能大规模发生。因为在熟人社会里，低头不见抬头见，一旦失去信用，在熟人面前丢尽颜面，就很难东山再起。商业欺诈行为所要支付的经济和道德成本远高于利益收获，比较交易成本的效应悬殊，使商人们不得不远离欺诈，在总体上还能坚持诚信经营的原则，这就是在唐宋以前商事纠纷不甚多见，官商之间还能维系清明政治的原因。并且在这一历史时期，官府的贱商政策高压，使商人处于社会最底层，备受歧视，动辄得咎，也使商人不得不收敛自己的行为，以诚信树立良好的市场形象，换回社会的同情和欢颜。以诚信为主要内容的市场规则虽然在萌生之中，却发展缓慢。因为在一个商品经济不发达的社会里，市场行为主要不是靠制度的强制，而是靠社会主流道德进行约束。

这种情况，到宋元明清以后，发生了巨大变化。

首先是社会生产力在宋代发展到最高峰的后滞影响，使明清两代社会经济总量扩张到历史上最高点。中国的GDP总量在当时的世界名列前茅，保持了一个西方世界望尘莫及的发展速度。1818年中国的GDP总量占世界GDP总量的30%；1820年，中国的产品总量占世界产品总量的30%。[①]据黄启臣先生研究，万历二十二年(1594)全国海外贸易总值约为100万两白银。乾隆十年(1745)粤、闽、江、浙四港贸易总值高达3657万余两白银。[②]明清以后中国经济在总量上的扩张主要不是来自于技术进步，宋元以后中国抱残守缺，技术创新乏善可陈，经济总量扩张主要来自人口激增而产生的需求拉动。宋元明清是中国人口增长最快的历史时期，尤其是清代满族贵族入主中原所实行的"兹后滋生人丁永不加赋"奖励人口增殖政策，加之百年没有战事，社会安定，使中国人口以前所未有的速度增长起来。明代万历年间人口总量从9000万增长到1.4亿，突破了亿万大关，从此一路攀升，到道光十一年(1831)，人口总量达到了4.1亿[③]。这既是明清两代中国生产力急剧发展的主要力量，又是拉动社会经济增长的主要动力，满足4亿

---

① 孙长青：《中国经济长周期研究》，南开大学出版社2006年版，第76页。

② 黄启臣：《清代前期海外贸易的发展》，《历史研究》1986年第4期。

③ 谢文君：《中国人口史》，人民出版社1988年版，第207页。

人的生活所需，使社会商品总量达到历史上的最高峰，据吴承明先生的统计，清代国内市场流通的粮食245亿斤，棉花255万担，棉布30517万匹，茶叶260万担，食盐32亿斤，总价值38762.4万两白银，"总的印象数量很大"，①流通如此巨量的商品，就使中国传统商业发生了前所未有的变革，有史家称之为"商业革命"。

其次，中国商业形态的变革。宋以后人口激增，流通商品数量增大，前朝的"坊市制"已无法容纳如此数量的人口与商品交易，终于被冲破。宋代已出现"推倒坊墙，临街设市"的自由市场形态，明清更成为普遍的商业形式，商人们到处摆摊设点，沿街开店，更有走街串巷的流动货郎，前朝官府控制下的非自由贸易形式一下子被自由贸易所代替；由于人口激增，满足4亿人的生活所需，使得商业内容从过去的奢侈品为主"求珠驾沧海，采玉上荆衡。北买党项马，西擒吐蕃鹦"，"人参古玩好生涯，交易无非帝王家"一变为以民生日用品为主，无非"养生送死之具"、柴米油盐之属。而民生用品面广量大，粮食动辄千万斤，布匹动辄千万匹，而且产地不一，南米北柴，北棉南布，商船行走乱如麻，这就使得商业突破前朝地域性市场的封闭性而走向全国性市场，打破"十里不贩樵，百里不贩籴"的传统模式，走上服牛格马、跨州越县、周流天下的大规模经营道路。而挟资江湖、客外经商、流寓逆旅、借地求财，就打破了原先"方圆十里，早出晚归"的熟人社会，开始进入一个陌生人社会，原先熟人社会建立的一系列规范受到了顽强的挑战。加之在全国范围内搬运如此巨量的商品，非商人个体家庭所能承担，只得动员血缘关系以外的亲缘和乡缘关系的更多力量加入商业营运，使商业出现了集团化经营的新形式，各地产生了以乡土亲缘关系为纽带的商帮，承担不同经济区域之间的商品交换的繁重任务，成为连接全国市场的主要商业力量，形成了"燕、赵、秦、晋、齐、梁、江淮之货，日夜商贩而南，蛮海、闽、广、豫章、楚、瓯越、新安之货，日夜商贩而北"②的全国商品大流转局面。这一切都标志着

---

① 吴承明：《资本主义与国内市场》，中国社会科学出版社2004年版，第227页。
② 李鼎：《李长卿集》卷一。

中国"现代化因子"①即市场经济因素的出现，表明中国传统社会进入了深刻的社会转型期。

再次，商业经营意识的转型和扭曲。在市场经济因素产生的社会条件下，利益驱动的刺激将经商获利、赚钱发财推广到社会广大的范围之内。而且跨地区越州县的域外经营也冲破了熟人社会的障碍，熟人社会逐渐向陌生人社会转变，商业经营不再更多地受熟人关系的制约，从而使传统商业经营意识发生了三方面的逆转。

一是商业经营目的从"利义兼得"转向"唯利是图"。在宋元以前，中国传统商人还能够在社会主流道德（伦理诚信观）引导下，通过商业经营技巧（利益诚信观）贩贱鬻贵，贱买贵卖，赚取不同经济区之间的地区差价和同一商品的供求和质量差价的合理利润，在汉武帝"告缗"运动的教训和打击下，商人们还能坚持以义取利的主流商业道德和职业操守，"上以利人，下以利己"，将商业经营的经济效益和社会效益相联系，尚不因谋利而引起社会太大的反感。明清以后，随着市场经济因素的产生，人们从过去追求使用价值为目的，开始转变为追求价值增值为目的，对财富的占有不再受人们消费力的限制，占有货币的欲望迅速膨胀起来。明代沈寿卿《三元记》传奇，第十五出《断金》咏叹银子功能的一段唱词，颇能反映时代变迁的痕迹：

〔红衲袄〕银子，你是天地间造化根：人为你费尽了辛与勤，人为你餐风宿水忧成病，人为你戴月披星晓夜行，人为你似鱼鳖渡海滨，人为你伴虎狼登峻岭。银子，人若一日无君也，壮士无颜人所轻。

〔前腔〕银子，人为你父与子伤了天性恩，人为你兄和弟伤了手足情；丈夫无你妻不敬，主若无伊仆慢轻，君子儒因无你失了朋友信，贞洁妇为你做了失节人。银子，人若一日无君也，伶俐聪明做了懵懂人。

〔前腔〕银子，多少读书人为你把纲常紊，多少廉能官为你把公论倾，多少强求的为你丧了贱生命，多少善求的为你忘了廉耻情；那成家子为你多悭吝，那败家子把你如粪土轻。银子，人若一日无君也，说得乱坠

---

① 吴承明：《市场与现代化》，生活·读书·新知三联书店2007年版，第23页。

天花也人不听。我想起来:

〔前腔〕那子孙贤何须用你,那子孙愚任你积如山也易倾。竟不知荣枯得失皆前定,何必劳劳苦用心。那匮爱的为你图侥幸,贪得的为你常不平,一团和气为你成仇也,重义轻财有几人?①

在追求货币无限增值利益驱动下,为获取赢利,赚钱发财,商人的灵魂被扭曲,赚取货币和追求价值增值的"法西斯式积累"冲动,使商人开始抛弃社会良知,"富人无不起于商者,于是人争驰骛奔走,竞习为商。而商日益众,亦日益饶,近则党里之间,宾朋之际,街谈巷议,无非权子母"。②明清小说《今古奇观》"徐老仆义愤成家"借商人之口将商人求利的目的说得很直白:"大凡经商,本钱多便大做,本钱少便小做……只拣有利息的就做。"③这种唯利是图的本性使商人灵魂扭曲,以追求货币为目的,明清小说《常言道》借商人之口道出了商人价值取向的变化:

一更里呀,思量这个钱,今来古往独推先,惹人怜。说来个个口流涎,形如坤与乾,又如地与天,世人谁敢来轻贱。算来正与命相连,今夜教我怎样眠。我的钱啊,提起你,谁勿羡。二更里呀,思量这个钱,钦心久仰在先前,实通仙。一文能化万千千,好换柴和米,能置地与田,随身所欲般般便。教人怎不把情牵,胜如爹娘共祖先。我的钱啊,称卖命,是古谚。三更里呀,思量这个钱,朦胧如在眼睛前,乐无边。精神强健骨头颤,心中真爽快,眉间喜色添,此时才得如我念。谁知却是梦魂颠,依旧身儿在炕眠。我的钱啊,醒转来,越留恋。四更里呀,思想这个钱,怎生落在水中间,恨绵绵。心头无计泪涟涟,一时得勿着,心思想万千,如何设法来谋面。越思越想越凄然,这件东西非等闲。我的钱啊,要见你,何时见。五更里呀,思量这个钱,心中许愿意甚虔,告苍天。千愁万绪若无边,区区若到手,时时供佛前,焚香跪拜心无厌。至诚至敬不虚言,伏望

---

① 沈寿卿:《三元记》第十五出,汲古阁原刊本影印。
② 《安西县志》卷六《风俗》。
③ 抱瓮老人:《今古奇观》卷二十五,上海古籍出版社2005年版。

钱神赐悯怜。我的钱啊,早早来,如吾愿。一夜里呀,思量这个钱,翻来覆去不安眠,意心坚。腹中好似火油煎,黄昏思想起,直到五更天,东方发白心难变。几时飞到吾跟前,弄得区区心想偏。我的钱啊,勿负我,心一片。①

商人对金钱的追求已经达到"胜如爹娘共祖先"的程度,其必然刺激和引发不正当市场行为,猛烈冲击着传统的商业道德。

二是商业操作方式从"阳光经营"转向"暗箱操作"。在宋元以前,伦理诚信观和利益诚信观的交互作用,使商人们的商场操作还能坚持"实事求是"②的阳光经营。商鞅是先秦商人的著名代表,变法之初,恐民不信,商鞅把一根三丈之木立于国都之南门,然后宣布能将此木徙置北门者赐十金。搬动一根木头,何须如此重赏,人们自然不信,于是他又下令,将赏金加至五十。有人将信将疑把木头搬到北门,他即当众赏五十金,以示不欺。③宋以后,在市场经济因素的利益驱动下,社会开始陷入对价值增值疯狂的追求,一部分商人发生灵魂的嬗变,追求赢利已经达到不顾礼义廉耻的程度。

在这种疯狂追逐利益的刺激下,商业操作一变为"漫天要价,就地还钱"的暗箱操作,"连只值一两六钱银子的棺材,也要讨价三两",④有的商人连当面唱价都收起不用,而行"袖筒捏指交易法",交易过程变成了鬼鬼祟祟的个人过程。清人徐献忠写过一首《布赋》描绘了这种"袖筒捏指交易法":"长夜凄然,得尺望尺,寒鸡喔喔,解轴趋市;匹夫怀饥,奔走长路,织妇抱冻,龟手不顾;敷施粉黛,以媚贾师,腾手捏指,以为售我;幸而入选,如释重负,坐守风帘,平明反顾。"⑤这里"平明反顾"说明是在黎明前的黑暗中进行交易,由于看不清对方,才只好"腾手捏指,以为售我"进行袖筒捏指交易法,两人将手指伸入对方的袖筒内,进

---

① 落魄道人:《常言道》卷二十五,清光绪元年(1875)得成堂刻本。

② 《汉书·河间献王刘德传》。

③ 《中国古代诚信故事》,中国少年儿童出版社2006年版,第217页。

④ 冯梦龙:《警世通言》卷二十二,人民文学出版社1995年版。

⑤ 引自许涤新《广义政治经济学》,人民出版社1979年版,第244页。

行指拇比价，心理博弈，别人不知就里，是典型的"暗袖操作"。有的地方甚至出现了"鬼市"，借夜幕掩盖，进行黑暗交易。西安清代的东城角就是有名的"鬼市"，"夜色朦胧，繁星在天，已是人影幢幢，借夜色进行以次充好的交易，归来大喊上当，叫苦连天"。①这说明，传统的交易形式受到了巨大的冲击和挑战，各种不正当交易行为如雨后杂草般遍地滋生起来。

三是官商关系从"不相交接"转向"官商勾结"。在宋元以前，士农工商的社会职业分层和官府的"贱商"高压政策，使官员与商人处于一种分离的状态。虽说从齐国管仲"官盐铁"以来，政府对盐铁等生利事业实行专卖，但那是政府有组织的行为，官员个人经商在"君子喻于义，小人喻于利"的社会职业目标分层的指向下，为社会所不齿。汉代文人扬挥就记载了自己经商的亲身体会，他在《报孙会宗书》中说："挥幸有余禄，方粜贵贩贱，逐十一之利，此贾竖之事，侮辱之处，挥亲行之，众毁所归，不寒而栗。"②官商之间还能维持一种"不相交接"、"各行其道"的清明形态。明清以后，在利益驱动的刺激下，全社会弥漫着逐利的风气，士农工商职业分层的固态被不同职业之间的流动所打破，士的向下移动与商的向上移动杂糅交错，互相交叉。在学而优则仕因官员职数有限被堵塞后，一部分儒生开始抛弃"不言利"的清高虚饰而转向"弃儒经商"，徽商代言人汪道昆所说"古者右儒而左贾。吾郡或右贾而左儒。盖绌者力不足于贾，去而为儒，赢者财不足于儒，则反而归贾"③反映了这种士商之间的职位变化。而官员在利润刺激下，利用手中的权力，纷纷下海经商，与民争利，上至皇室贵戚，下至书吏皂隶，莫不以权子母为念，许多官员寡廉鲜耻，将仕途作为钱权交易的筹码，公然渔利，"方今仕途如市，入仕者如往市中交易，计美恶，计大小，计贫富，计迟速"，④衙门几与市场无异。而商人为逃避官府需索，亦需要借官府之威以为保护，也纷纷通过捐

① ［美］尼克尔斯：《穿越神秘的陕西》，三秦出版社2009年版，第214页。
② 《汉书·扬挥传》。
③ 汪道昆：《太涵集》卷五十四。
④ 李乐：《续见闻杂记》卷十。

纳卖官鬻爵，为其子弟求得一官半职，使"商道"与"官道"交织重叠，商道胶合了官道得"尔虞我诈"，更加阴暗多蹇；官道汲取了商道的唯利是图，更加贪得无厌，社会呈现出官商上下交乘盘剥渔利的邪恶风气。

《二刻拍案惊奇》"韩侍郎婢作夫人，顾提控椽居郎署"中就记录了一位徽商为了巴结官府不惜将女儿献给官员当妾的故事：

一个徽州商人……只在扬州开当中盐……该商收江爱娘为义女等待寻个好姻缘配着，图个往来……恰好凑巧，韩侍郎带领家眷上任，舟过扬州，夫人有病，要娶个偏房……元来徽州人有个僻性，是乌纱帽、红绣鞋，一生只这两件事不争银子，其余诸事悭吝了。听见说个韩侍郎娶妾，先自软瘫了半边……巴不得就成了。韩府也叫人看过，看得十分中意。徽商认做自己女儿，不争财物，反陪嫁妆。只贪个纱帽往来，便自心满意足。韩府仕宦人家，做事不小，又见徽商行径冠冕，不说身价，反轻易不得了，连钗环首饰缎匹银两，也下了三四百金礼物。徽商受了，增添嫁事，自己穿了大服，大吹大擂，将爱娘送下官船上来。侍郎与夫人看见人物标致，更加礼仪齐备，心下喜欢，另眼看待。……到了京中，不料夫人病重不起，一应家事尽属爱娘掌管。爱娘处得井井有条，胜过夫人在日。内外大小无不喜欢。韩相公得意，拣个吉日，立为继房。恰遇弘治改元覃恩，竟将江氏入册报去，请下了夫人封诰，从此内外俱称夫人了。……那徽商(被)认做干爷，兀自往来不绝。①

而且，明代还有一种突出的市场现象，即"乌纱帽"商品化的繁盛。按明代官制规定，凡是年老退休的官员，以及侍奉父母辞闲之官，允许继续戴乌纱帽，从而导致市场上制作和买卖乌纱帽生意兴隆。有首《折桂令·冠帽铺》的曲子谓："大规模内苑传来，簪弁缨，一例安排。窄比宽量，轻漆谩烙，正剪斜裁。乌纱帽平添光色，皂头巾宜用轻胎。帐不虚开，价不高抬。修饰朝仪，壮观人才。"②不仅如此，乌纱帽滔滔天下的另

---

① 凌濛初：《二刻拍案惊奇》卷十五，中华书局1999年版。
② 路工编：《明代歌曲选》，第13页。

一个结果，就是假乌纱的问世，民歌《桂枝儿·假纱帽》对此作了辛辣的嘲讽："真纱帽戴来胆气壮，你戴着只觉得脸上无光。整年间也没个升也没个降，死了好传影，打醮好行香。若坐席尊也，放屁也不响。"①透过乌纱帽这种商品生意兴隆，生动形象地说明了明清以后官商勾结的一般状态。

明初宰相刘伯温《卖柑者言》记载了这样一则故事：

杭有卖果者，善藏柑，涉寒暑不溃，出之哗然，玉质而金色。剖其中，干若败絮。予怪而问之曰："若所示于人者，将以实笾豆，奉祭祀，供宾客乎？将炫外以惑愚瞽乎？甚是哉，为欺也！"卖者笑曰："吾业是有年亦，吾赖是以食吾躯，吾售之，人取之，未尚有言？而独不足子所乎！世之为欺者不为寡矣，而独我乎？吾子未之思也！今夫佩虎符，坐皋比者，洸洸乎干城之具也，果能授孙吴之略耶？峩峩大冠，托长钟者，昂昂乎庙堂之器，果能建伊、皋之业耶？盗起而不知御，民困而不知救，吏奸而不知禁，法弛而不知理，坐靡廪粟而不知耻。观其坐高堂，骑大马，醉醇醴而饮肥鲜者，孰不巍巍乎可畏，赫赫乎可象也！又何往而不金玉其外，败絮其中也哉。今子不察，而以察吾柑。"②

这个故事揭示了当时官、商皆假，朝野相欺的黑暗现状。所以，清代有一叫郑广的贼通过花钱买官，做了通判的县级二把手，他写了一首《官府叹》的诗曰："天下世事言说难，官府贼窝一般般。众官做官亦做贼，郑广做贼亦做官。"反映了明清官贼不分的丑恶现实。

凡此皆说明，在中国产生市场经济因素的历史条件下，利益驱动的刺激所导致的传统商业发生逆转，社会道德失范，必然要求建立以诚信为主要内容的市场规则和道德范式，构建诚信的社会文化，才能促使市场经济正常发育和维系社会生活的正常秩序。这是传统商人诚信文化产生和确立的时代历史条件。

① 冯梦龙：《桂枝儿》卷九《谑部》。
② 刘基：《诚意伯文集·卖柑者言》。

第二节
趋利导致市场行为失范规整的需要

中国社会发展到宋元以后，尤其是明清滋生了市场经济因素以后，商品经济发展到前所未有的新高度。各个经济区域之间的不同商品在商帮的组织下，形成全国性大流转，商人们或是"挟资江湖，锐意贸迁"，或是"宝肆宏开，托身行铺"，使各地商业呈现出历朝少有的欣欣向荣的局面。大都市"市肆贸迁皆四远之货，奔走射利皆五方之民"，繁忙的市场需要众多商人来支撑。北京"一切工商胥吏肥润职业，悉付外省客民"，"铺户，多四方辏集之人"，"多非土著，两县未易制也"。①南京"百物皆仰给于贸居，而诸凡出利之孔，拱手以授外土之客居者。如典当铺，在正德前皆本京人开，今与绸缎铺、盐店皆为外郡外省富民所据矣"。"自大中桥而西，由淮清桥达于三山街、斗门桥以西，至三山门，又北自仓巷至冶城，转而东至内桥、大中街而止。京兆赤县之所弹压也，百货聚焉。其物力，客多而主少，市魁驵侩，千百嘈其中"②。新兴的工商城市苏州，"开张字号行铺者，率皆四方旅寓之人"，"自胥及闾，迤逦而西，庐舍栉比，殆等城中，此侨客居多"③，也借外方人生色。湖广承天府，万历时"商游工赁田以耕，僦屋以居，岁久渐为土著。而土著小民，恒以赋役烦重，为之称贷，倍息而偿之，质以田宅，久即为其所有"。江西南昌出外

---

① 谢肇制：《五杂俎》卷三，中华书局1959年版。
② 《雪堂随笔》卷三。
③ 顾禄：《清嘉录》，上海古籍出版社1980年版，第27页。

经商者视他邑为多，但作为会府，南北商民寓居者，也不在少数，且"多占籍焉"。山东境内"士人列肆屈指可数"。不少临清大贾"皆侨居"，只为逃避政府"房号钱"，才"不领于有司板籍"。尽管如此，临清还有"什九皆徽商占籍"。"辽东商人，山西居多，而汾州更过半。居辽娶妻生子，率年久不归。"①扬州府为行盐热土，更是"聚四方之民，新都最，关以西、山右次之……田畯较贾十之一，土著较流寓二十之一"②。

大中城市如此，小城镇也同样。据方志载，地处僻远的淮安海州，"虽本土贸易之事，亦皆外来人为之"③。并不繁荣的江苏靖江县城，"惟市肆列贾半出他邦"。湖北竟陵东的皂角市，"市可三千家。其人土著十之一，自豫章徙者七之，自新都徙者二之。农十之二，贾十之八，儒百之一"④，占全市人口八成的商贾，绝大多数是外埠寓居者。江西清江县有个人口不多、商贸平平，只是"稍居杂货"的小镇——樟镇，但那里的从商之人居然也"大抵多广人"，"市人多异民杂处，有客胜主之患。闻往时市风甚朴，士人危服入肆，则市人拱立起敬；今市人既僭侈逾分，而士人或窜身市籍矣。古道不复可胜，叹哉！"⑤

在商品经济的刺激下，全国掀起了经商热潮，上从皇帝、宦官、大臣，下到军队、百姓，都积极经商。以军队经商而论，官军勋贵和卫所武官占夺屯地致富后，或"私起店房，邀截商货"，或贩卖私茶，也有兼营手工制造业，及开矿冶银，⑥甚至长途倒卖军粮。连堂堂天子脚下也不例外，军人公然卖掉粮筹。史载"京师军人将受粮于仓，先期给筹，辄卖之。南人利其价廉，每买得筹，以受粮于仓"⑦文人的卖字、卖画、卖文，换取润笔资，自不待言。明末更兴起编卖选文之风。如上海浦东的王光承，博学能文，善书，为古文词精绝，"坊家争请选文，遂有《易经孚

---

① 《明经世文编》卷四一一，中华书局1962年版。

② 明《扬州府志》卷二。

③ 《古今图书集成·职方典·淮安府风俗考》。

④ 《竟陵县志》卷二。

⑤ 《清江县志》卷二《风俗》。

⑥ 王毓铨：《明代的军屯》下编之《屯地的占夺》，中华书局1965年版。

⑦ 王肯堂：《郁冈斋笔尘》卷二。

尹》、《墨卷乐胥》、《名家雪崖》、《考卷右梁》、《白门易社》诸书行世，贾人获利无算"。①有些地区，儿童也参加商业活动。如江南旧历十二月二十四日，是传统的祭灶日，"小儿持纸画灶神像，叫卖于市，言其去旧更新也"。②有人曾概述江南及北京的经商之风谓："吴中缙绅士夫，多以货殖为急，若京师官店六郭，开行债典，兴贩盐酤，其术倍克于齐民。"③在一定程度上说，这也是全国商品意识活跃的缩影。世风熏陶所及，人们的价值观念大为增强。时人曾慨乎言之："世人遇一物辄曰：有便宜否？里中沈生曰：汝家要便宜，却不顾这人失便宜。"④

商品经济在本质上是趋利经济。传统社会一旦转向商品经济社会，商品经济特有的规律就不以人们的意志为转移要发挥作用，并影响着人们的社会价值判断。原先那种停滞的固态的社会，在价值规律的效益最大化刺激和两极分化结果的作用下，呈现出变异的流动的社会。有记载说，明中叶以后的社会现状是："出贾既多，土田不重。操资交捷，起落不常。能者方成，拙者乃毁。东家已富，西家自贫。高下失均，锱铢共竞。互相凌夺，各自张狂。于是诈伪萌矣，讦争起矣，芬华染矣，靡汏臻矣"，到了明代末期，更是"资爰有属，产自无恒。贸易纷纭，诛求刻核"，"金令司天，钱神卓地。贪婪罔极，骨肉相残"。⑤以至于有人惊呼说："天道变迁，人事亦改"，"习俗移人，捷于影响，甚可畏也"。⑥

而"天道变迁，人事亦改"反映最为集中的就是商业领域，因为在传统社会，传递和接收信息最快的除了政府就是商人。"春江水暖鸭先知"，商品经济的发展，首先使商业风生水起，在利益驱动和金钱刺激下，人们追求财富的激情被调动起来，用最小成本换取最大效益的致富欲望，使各种不正当市场行为顺势而起，前朝不曾有过的获利手段遍地滋生，花样翻新；坑蒙拐骗，假冒伪劣，遍于国中。有人记述商业经营的正常秩序被打破，陷

① 曾羽王：《乙酉笔记》，见上海市文管会编《上海史料丛编》，1961年印。
② 殷聘尹：《外冈志》，见《上海史料丛编》，1961年印。
③ 黄省曾：《吴风录》，见《五朝小说大观》，新兴书局1989年版，第3页。
④ 丁元荐：《西山日记》卷下《日课》。
⑤ 万历《歙志·风土》。
⑥ 李乐：《见闻杂记》卷二。

入牙人、歇家的层层铁幕之中的情形："商贾挟资贸易，历经险远，正以博锥刀之末。然贸易所至，时贵时贱，各有不同。货滞则稽，货行则售，放收出入，唯持行家为之评价归帐。而不法牙行往往侵吞客本，俾之经年守坐，本息皆消。揆厥所由，总因客商将货经行发店后，一时收价不清，不能守候。即以现价重复回往经营，而行家乘间自向各店私收，各店以发货原由姓主，照给不疑。迨客至催缴。业为牙行侵费，奸牙计舞所出，因之替后挪前，移此清彼，积渐既久，累客滋多，一朝败露，行主则弃行潜遁，客商则本利皆空，成年告讦，追给无期，即竭力催追，究之十不得一。此实行家之通病矣。"①"此实行家之通病"说明全国皆然。

而且假冒产品和劣质服务层出不穷，并且形成地域文化风气。如用银，正德时余姚人孙乙，"以假银去宁波买牛一头"，牛主拿了银子去纳官钱，被官府追究伪造银两之罪，"悔恨无及，因自缢死"。②又如卖假药，"助医人门面开张，杂类铺排，上品收藏。高价空青，值钱片脑，罕见牛黄。等盘上不依斤两，纸包中那管炎凉。病至危亡，加倍还偿。以假充真，有药无方"。③有人曾作讽刺膏药诗谓："还有一等好膏药，名唤金丝万应膏，其实有功劳：好处贴肿了，肿处贴不消，三日不揭起，烂做一团糟。"④金玉其外，败絮其中，漫天要价，不着边际，也是典型的欺诈行为。在苏州，早在嘉靖时期，方志即记载："市井多机巧……始与交易，必先出其最廉者，久扣之，然后得其真，最下者视最上者为价相什百，而外饰殊不可辨。"⑤再如卖假酒、掺水。明末江西竟有人声称挖出很多陶渊明当年埋下的酒，"香美不可言"。⑥有的奸商则往酒中掺水，明末有人曾作《行香子》一首，辛辣地嘲笑松江出的这种淡酒："这一壶约重三斤。君还不信，把秤来称，倒有一斤泥，一斤水，一斤瓶。"⑦在南方的名

---

① 凌铸：《西江视臬记事》卷三《文檄》。
② 田艺蘅：《留青日札》卷九。
③ 路工：《访书见闻录》，上海古籍出版社1985年版，第321页。
④ 石成基：《传家宝》三集卷八。
⑤ 嘉靖《姑苏志》卷十三。
⑥ 李日华：《紫桃轩杂缀》卷三。
⑦ 吴履云：《五茸志逸》卷一。

城杭州，"其俗喜作伪，以邀利目前，不顾身后"。早在宋代便风行种种捣鬼术，"如酒掺灰，鸡塞沙，鹅羊吹气，鱼肉贯水，织作刷油粉"，在明代，更是歪风愈炽，专以欺骗顾客为能事，以致当时民谚有谓："杭州风，一把葱，花簇簇，里头空！"①《豆棚闲话》第十则更一针见血地描述："苏州风俗，全是一团虚哗。只就那拳头大一座虎丘山，便有许多作怪……即使开着几扇板门，卖些杂货，或是吃食，远远望去……倒也热闹齐整。仔细看来……都是有名无实的。一半是骗外路的客料，一半是哄孩子的东西。不要说别处人叫他空头，就是本地……数落得也觉有趣。"②叶权在《贤博编》中也指出："今时市中货物奸伪，两京甚盛，此外无过苏州。卖花人挑花一担，燥然可爱，无一枝真者。杨梅用大棕刷弹墨染紫黑色。老母鸡搏毛插长尾，假敦鸡卖之。浒市货席者，术尤巧。大抵都会往来多客商可欺，如宋时何家楼故事。"③陈铎的《坐隐先生精订滑稽余韵》，描写行业达140种，其中涉及商贾铺户的，不少人都卖伪劣商品。试举几家为例：纸钱铺是"众神祇见数还钱，僧道科仪，件件周全。蜡烛坚实，千张高大，水作新鲜。拖柜上张张漫展，草拗儿捆捆牢缠。但愿门前，擦背挨肩。日日初一，月月新年"。颜料铺是"好供给绘手施呈，颜料当行，彩色驰名。自造银朱，真铅韶粉，道地石青。小涂抹厅堂修整，大庄严殿宇经营。近日人情，奢侈公行。不尚清白，俱是妆成"。香蜡铺是"向通衢物攘人稠，手脚不停，包裹如流。也卖明矾，也秤豆粉，也货桐油。贱咸食桩桩都有，歪生药样样都收。行次情由，不可追求。本是杂货营生，虚耽香蜡名头"。④都是些满嘴胡诌的噱头，夸大其词。

而且，交易过程变得不见阳光，由商人任意操作，行话、黑话迭出，使买方一头雾水，不知就里。明朝商人的市语——也就是行业间说的行话，五花八门。田汝成载谓："乃今三百六十行，各有市语，不相通用，仓促聆之，竟不知为何等语也。有曰四平市语者，以一为忆多娇，二为耳边风，三为散秋香，四为思乡马，五为误佳期，六为柳摇金，七为砌花

---

① 田汝成：《西湖游览志余》卷二十五。
② 艾衲居士：《豆棚闲话》第十则，上海古籍出版社1983年版。
③ 叶权：《贤博编》，中华书局1997年版，第6—7页。
④ 路工：《访书见闻录》，上海古籍出版社1985年版，第308—338页。

台，八为霸陵桥，九为救情郎，十为舍利子，小为消黎花，大为朵朵云，老为落梅风。"①局外人听了只能是莫名其妙。《豆棚闲话》第十则，就曾经描写一个叫强舍的苏州闲汉，对山西人马才"连篇的打起洞庭市语，叽哩嘈噜，好似新来营头朋友打番话的一般，弄得马才两眼瞪天，不知什么来历"。②明人汪逸《城中庙会》诗中记载北京庙会上的乡音市语，使外地人竖起耳朵都听不懂，"廊庑肯客存隙地，工商求售厌空谈。看多异巧情为眩，听客乡音耳诇谮"。③另一部小说描写有人把中药的名称全改了，如："恋绨袍（陈皮）、苦相思（黄连）、洗肠居士（大黄）、川破腹（泽泻）、觅封侯（远志）、兵变黄袍（牡丹皮）、药百喈（甘草）、醉渊明（甘菊）、草曾子（人参）。如此之类，不过是市语暗号，欺侮生人。"甚至有的地方连地名也被另称，如谓陕西曰豹，河南曰驴，江南曰蟹，福建曰癞，四川曰鼠，④食品也有种种特殊叫法，如称熏猪耳朵为"俏冤家"，拌猪耳丝为"棒打猪八戒"，⑤真不知从何说起了。从《江湖切要》的记载看来，凡天文、地理、时令、官职……都有黑话，涉及商业的，同样是黑话连篇。如：市人——井通；贩子——不将人；典铺——兴朝阳；杂货店——推恳朝阳；茶——青老；白酒——水山；粥——稀汉；牛肉——春流；金——黄琴；银——硬底；卖假货——跳符恩；真货——实赞；有钞——热子；假钞——将肯；没生意——念搿。如此等等，不一而足。充分表现了市场交易"暗箱操作"的光怪陆离。

这是商业小环境，从社会大环境讲，由于社会不靖，盗贼蜂起，拐骗丛生，持财荤重的商人常常成为伤害的主要对象。从依清代刑部档案编撰的《刑案汇览》中列举的伤害商人案例来看，就有店户私用客寄钱文致客自尽、将人交托放账之银私贸亏折、米船在大江遭风乘危抢夺、向拾获银票之人讹诈自尽、挟仇放火欲烧人命、折扣放债逼死职官、索欠不给抢夺财物杀死人命、船户乘客上岸图财开船逃走、结伙设计诱食巴豆乘空拐

---

① 田汝成：《西湖游览志余》卷二十五。

② 艾衲居士：《豆棚闲话》第十则，上海古籍出版社1983年版。

③ 党诚恩：《中国历代商贾诗歌选》，中国商业出版社1990年版，第118页。

④ 《坚瓠集》乙集卷一。

⑤ 同上书丁集卷二。

骗、船户不许乘客另雇阻闹攘命、借钱不遂咬落右耳吞咽入肚、店伙经营不善亏折累死同伙、铺户卖药辨认不真误毙人命，等等。有的荒诞不经，匪夷所思。如"河北刘六屡向杨二借钱不遂，辄捏欠向讹，并揪将杨二头颈，将其右耳朵咬落，吞咽入肚"。①又如："北京冯四因疑赵洵强占买卖，挟镰欲行放火，将赵洵烧死泄愤。"②再如陕西"吴保娃因赶驴驮炭，遇文黄氏撞道，路途狭窄……以致踢毙人命"。③

这些都说明，明清以后由于中国商品经济发展加速，社会原有的道德规范已经不能适应新的发展需要，"天道变迁，人事亦改"，诚信的道德范式已经不能规范市场趋利激发的种种狂勃行为，人们急需要厘定以诚信为内容的市场规则，将诚信上升到社会制度的层面，并具有实际的可操作性，以规整市场的不正当竞争行为，保证市场经济因素的正常发育和社会主流道德的持续稳定。即是说，明清以后，诚信已经不是一个社会道德问题，而是社会经济发展所要求的制度安排。是市场经济因素产生后"天道变迁"带来的社会新矛盾所致，这是明清以后所讲诚信与以前各代所讲诚信内容上的根本区别。此时社会要求的诚信已经不是单纯的道德和人格问题，而是市场经济因素发展要求的制度和路径选择问题。正如河南社旗山陕会馆《公议货行规矩碑》所呼吁的那样："盖闻通商惠贾，自古训之。岂独在开张行店而无定规欤？本镇之有杂货行由来已久，似无烦于再议矣。第以人心不古，规矩渐没，或翼重资弄巧而成拙，或头徇私而害公，因是赔累莫支，以致倒塌之患者有矣！夫生意之盛衰，一视乎行家，行家生意之长盛乎！以故行商（客）闻之而胆颤，每每货发他处，铺家见之而心寒。如是之。其何能堪哉？爰是集我商行，公议规程，历剔弊端，使勿二而三，斟酌尽善。夫而行见，规矩划一，主客两便，利人利己不必衰多而益寡，是训行即可，则所以惠商贾之道，不诚在是哉！"④

---

① 祝庆祺等：《刑案汇览》第四编卷十八，北京古籍出版社2004年版，第662页。

② 同上书，第一编卷六，第432页。

③ 同上书，第一编卷六，第175页。

④ 河南古建筑研究所：《社旗山陕会馆》，文物出版社1997年版，第217页。

第三节
社会商业资源整合和文化博弈的产物

家有家法，行有行规，河里的石头一堆堆。明清以来"诚信"既作为旧道德持续，又作为新制度厘定的二重重构，是社会对"诚信"商业资源进行整合和与"欺骗文化"进行博弈的结果。

首先，诚信规则是社会对"诚信资源"进行整合的结果。在社会历史中，"诚信"无论是作为道德范畴，还是作为制度要素，之所以备受青睐，就是因为诚信本身就是一项重要的社会经济资源。先秦诸子所说的"义即是利"，明清士商所言的"名义清修，利缘义取"，都不仅强调了"诚信"的价值理性，更强调了"诚信"的工具理性。只有当坚持诚信带来的效益大于放弃欺骗的效益时，诚信才有了被坚持的经济合理性和实际意义。对此，秦汉以来的士商已经有所认知。唐柳宗元《柳河东集》记述唐长安诚商宋清，以诚经商，人弃我予，"市人以其异，皆笑之，曰：'清蚩妄人也。'或曰：'清其有道者欤？'清闻之曰：'清逐利以活妻子耳，非有道也；然谓我蚩妄者亦谬。清居药四十年，所焚券者百数十人，或至大官，或连数州，受俸博，其馈遗清者，相属于户。虽不能立报，而以赊死者千万，不害清之为富也。清之取利远，远故大。岂若小市人哉？一不得直，则怫然怒，再则骂而仇耳。彼之利，不亦翦翦乎？吾见蚩之有在也。清诚以是得大利，又不为妄，执其道不废，卒亦富。求者益众，其应益广。或斥弃沉废，亲与交视之落然者，清不以怠遇其人，必与善药如故。一旦复柄用，益厚报清。其远取利皆类此'"。①这里宋清说他欲取先予是为了"取利远，远故大"，因为树立了诚信的良好市场形象"受俸博，其馈遗清者，相属于户"，"一旦复柄用，益厚报清"，所以才取得了"求者益众，其应益广"的经济效益。并指出这是他与那些"一不得直，则怫然怒，再则骂而仇耳"的"小市人"的根本区别。后来李肇的《唐国史补》里也证明宋清确实是"人有急难，倾财救之。岁计所入，利抽百倍"。"岁计所入，利抽百倍"就是对诚信资源性经济回报的最好说明。

明清以后，一些成功的商人对诚信的资源效应认识得就更加明晰。明清十大商帮之首的徽商大多坚持了这一认识。明朝歙县商人许宪曾解释说："以诚待人，人自怀服；任术御物，物终不亲。"意即只有以诚待人，人家才会信服你，跟你相交做生意，倘若只顾在贸易或交往中耍弄歪术搞算计，那么不用说是人，就连物最终都会对你敬而远之。徽商鲍雯"虽混迹廛市，一以书生之道行之，一切治生家智巧机利悉屏不用，惟以至诚待人，人亦不君欺，久之渐至盈余"。梅文义"家素贫，弱冠行贾，诚笃不欺人，亦不疑人欺。往往信人之诳，而利反三倍"。这样，岁届中年时，他就积累起数千两银子的资财。徽商张懋仁协助胞弟经商于临江清江镇，兄弟俩凭一个"诚"字同心协力做生意，一个是"怡怡雅饰，一钱不私"，一个是"服其德量，无敢欺翁"，结果他们"雄产乡邑"；休宁商人张洲，"以忠诚立质，长厚摄心，以礼接人，以义应事，故人乐与之游，而业日隆隆起也"。明末歙县商人吴南坡更坚信"人宁贸诈，我宁贸信，终不以五尺童子而饰价为欺"，结果声名鹊起，顾客盈门，他长期经商于淮泗和徽州两地，赢得了当地顾客的信任，以至人们入市买货，只要见到有"坡公氏"三字的封识标记，总是放心持去，"不视精恶长短"，踊跃购买。吴氏出售的商品有此信誉，与其一贯的"贸信"商业道德是分不开的。又比如在上海开典铺的徽商汪通保以诚信服人，"人人归市如流，旁郡县皆至，居有顷，乃大饶"。②嘉靖年间歙商许文才，也是因为"贸迁货居，市不二价"而赢得了名声，以至人

---

① 柳宗元：《柳河东集·宋清传》。

② 《太函副墨》卷四《汪处士传》。

们入市购物，"有不愿之他而愿之公者"。①这里"利反三倍"、"雄产乡邑"、"业日隆隆起"、"有不愿之他而愿之公者"都是对诚信资源有效利用的有力证明。

明清以来的晋商也聪明地认识到了诚信资源的效益性。祁县乔家创办的"复字号"所以雄踞塞外，就是因其在塞外西脑包草料铺时，他们的草料并不因"仅此一家"而比其他地方贵，分量又足，因此许多长年来往的旅蒙商贩都乐于在他们小铺前驻留歇息。洪洞人王谦光经营山东盐时，不少商人"率辄心计，尚诈伪，由是术辄倍息，独君异其趣，人成谓君长者，多倚为重"，后来生意发达"累致万金"。《山西献徵》卷八有这样一条记载：忻县人陈吉昌，"幼贫亲，十四岁徒步如归化……依一诚笃，代运屯寄，事隔数年，毫无少损。以故各省商贩，皆乐就之。先生业日以起"，成为当时的名商。这种商业上"与人交，一依笃诚"的品格，不是陈吉昌一人一时的、个别的偶然现象，几乎是所有商业世家治业的格言。所以明清世情小说《醒世恒言》中"刘小官雌雄兄弟"就有以文学的笔触描写利用诚信资源与经济回报关系的篇章：开酒店的刘德"平昔好善，极肯周济人的缓急，凡是来吃酒的，偶然身边银钱缺少，他也不十分计较，或遇人多把与他，他便勾了自己的银价，余下的定然退还，分毫不敢苟取"。这种诚信资源被他的二子继承下来，"且俟刘奇二人，把酒店收了，开起一个布店来，四方过往客商来买货的，见二人少年老成，物价公平，传播开去，慕名来买者挨挤不开。一二年间挣下老大家业，比刘公时已多数倍"。②这就充分说明，明清以后诚信市场规则的建立是商人们对"诚信"市场资源进行整合的结果。所以，清道光年间黔商胡荣命在江西经商五十余年，由于他以诚待人，童叟无欺，名声大著，晚年罢业回乡，有人要求"以重金赁其肆名"，他一口回绝，并说："彼果诚实，何藉吾名也！"③可见，胡荣命也已经将"诚信"看做中国人经商的起码规则了。

① 均见张海潮《徽商研究》，安徽人民出版社2004年版。
② 冯梦龙：《醒世恒言》卷十，人民文学出版社1956年版。
③ 张海鹏：《明清徽商资料选编》，黄山书社1985年版，第281页。

　　其次，诚信从文化上讲，又是与"欺骗文化"长期博弈战胜的产物。世界是矛盾的统一体。诚信及其文化之所以在中国历史上熠熠生辉，成为贯穿千年商业的红线，就是因为与它长期并存孳生的还有"欺骗文化"，两者交互存在，彼此对立。诚信就是对欺骗的摒弃，欺骗就是对诚信的反叛。坚持诚信，就意味着放弃欺骗，实行欺骗就意味着背叛诚信。所以，中国最早的票号日升昌东家认为："一日耍奸，可以欺市；二日耍奸，可以愚民。但没有哪一家商号，可以数年、数十年靠耍奸混迹于世。"因此，在历史上诚信与欺骗，两者不断换位，或主或辅，渲染着社会进程的基本态势。诚信占主导地位，社会就修明清静，善良有序；欺骗占主导，社会就污浊黑暗，邪恶不古。由于中国传统社会官府长期的流氓政治和自然经济的贫困状态以及文化上的言不由衷，使欺骗文化长期存在，历代招摇撞骗莫衷一是。尤其是到了明清封建社会的末期，市场经济因素产生后强化了利益刺激，"见利忘义"的市场本性使欺骗文化得到了进一步扩张膨胀的土壤，经济领域的欺骗行径更是手段百出，防不胜防，以至于人们不得不进行专门著述，以惊世醒迷。明人张应俞撰写的《杜骗新书今译今解》就是对明代欺骗文化的很好总结。该书列举的商业欺诈就有：（1）假马脱缎；（2）丢包于路行脱换；（3）巷门口诈买脱布；（4）诈称公子盗商银；（5）轿抬童生入僻路；（6）公子租屋劫寡妇；（7）私打印泥占铺盖；（8）设假元宝骗乡农；（9）妇嫁淘街人；（10）买学受骗；（11）和尚认母牛为母亲；（12）道士炼丹；（13）唐伯虎与祝希哲行骗盐运使等，不一而足。①而今人彭泽益先生编辑的《中国工商行会史料集》辑录的行业欺诈行为就包括：卖盐"高下其手，任意低昂"；卖茶"浮称抬盘，货收潮湿"，"抹尾短算，贪价翻悔"；典当"瞻循情面，与贱当贵"；粟行"掺糠下潮，拦路邀截"，"指鹿为马，欺瞒买客"；卖灰"私贩悄卖，把持高抬"；卖鱼"任意瞒背，含混委报"；油蜡"踩价卡卖，添价钻夺"；卖马"诓卖欺买，尔虞我诈"；山货"拦藏勾引，牵扯夺买"；丝绒"伪货换假，短价混买"，"加戥索值，希图影射"；花布"短尺窄

---

　　①　张应俞：《杜骗新书今译今解》，中国文联出版公司1997年版。

扣,以长剪短","花纱稀头,剪削箝面";弹花"高抬时价,搀和旧花";皮毛"轻入重出,欺敝客商";卖菜"把持苛派,渔利分肥",林林总总,不胜枚举。①

在这种市场情形下,人们不得不以诚信为武器,遏制和阻止欺骗的市场行为,以保证市场运作的正常秩序和心理平衡,在与欺骗的博弈中保持社会的善良和正义,维持社会应有的清明公正。明代陕西商人康銮的一段话讲得十分到位:"谁言天道难信哉。吾南至江淮,冠弱之患独不一者,天监吾不欺尔!贸易之际,人以欺为计,予以不欺为计。故吾日益而彼日损。谁谓天道难信哉。"②徽商吴南坡也同样认为:"人宁贸诈,吾宁贸信,终不以五尺童子而饰价为欺。"③徽商黄鉴看到其他商人设智巧,仰机利,大不以为然:"嘻!此辈卑卑取富,益目前耳,大贾顾若是耶?当种德也。德者,人物之谓也。"④这些都说明,诚信是对欺骗的博弈,"吾日益而彼日损"是诚信对欺骗的战胜。

上述分析说明,在明清产生市场经济因素后,"诚信"作为社会资源整合所形成的市场规则,作为社会文化与欺骗博弈所坚持的社会道德规范,成为规范市场无序力量的渠道,在一定程度上抑制了市场的不正当竞争行为,起到了整治社会人心的作用。分析两宗清代的案例对说明此是有益的。一宗是清代道光年间《赵盘铭私用客寄钱文致客自尽案》:"赵盘铭将赵德全寄放钱文挪用买面,欲俟卖出钱文归还,嗣后赵德全向其索要。该犯措备不及,又因私用客钱被人闻知将来无生意,即捏称须向伊店伙刘三问明归还,以致赵德全情急,投环损命。"⑤这里赵盘铭仰赖客账的缘由之一就是怕"私用客钱被人闻知将来无生意"产生对诚信被剥夺的恐惧;之二"欲俟卖出钱文归还"又是对"借钱还账"行规的遵循,说明诚信从规则和道德两个方面对他进行了制约。再一例是道光年间《杨伪吉乘空盗取搭伴同船托管银两案》:"杨伪吉与王冠群合雇船只,搭伴同回,

① 彭泽益:《中国工商行会史料集》,中华书局1995年版。

② 余英时:《中国近世宗教伦理与商人精神》,安徽教育出版社2001年版,第238页。

③ 《古歙岩镇东勘头吴氏族谱·吴南坡公行状》。

④ 歙县:《竦塘黄氏宗谱》卷五《黄公鉴传》。

⑤ 祝庆祺等:《刑案汇览》第四编卷五,北京古籍出版社2004年版,第81页。

嗣王冠群邀同船户上岸索讨尾次，将箱贮银托杨伪吉代为照管，并将钥匙交付收执。杨伪吉起意乘间开箱，取得八六兑银七百余两藏放自己箱中。越五日……携银箱逃至扬州。"①这里杨伪吉首先违反了王冠群对其的信任，甚至"将钥匙交付收执"的诚信义务，再则犯下了"开箱盗银"的罪行，该案既有诚信的道德审判，又有刑事的法律审判。

---

① 祝庆祺等：《刑案汇览》第一编卷十八，北京古籍出版社2004年版，第688页。

第四节
千年主流文化教育的长期效应

在商业经营中，讲究诚信取利、仁义经商是中国传统商人的优良传统和市场规则。但这种讲究诚信的优秀品格，不是天上掉下来的，而是传统中国家庭、社会各个方面长期教育的结果。

一 社会主流价值观的影响

商人自降生和生存于社会人间，终生都会受到社会主流价值观和道德观的教育。而传统社会突出诚信的主流价值观和道德观教育，对商人诚信理念的形成，发挥着潜移默化的基础功能。中国从春秋以来"儒家"的"仁、义、礼、智、信"；道家的"道法自然"；佛家的"善恶报应，弃恶扬善"，都从不同角度对商人们的诚信经商起着教育和引导的作用。

中国儒家讲究诚信，"仁、义、礼、智、信"最终归结为一个"信"字。"孟子少时，东家尚杀猪，孟子问其母：'东家猪何为？'其母曰：'欲啖汝。'母悔失言，曰：'吾怀是子，席不正不坐，割不正不食，胎教是也。今道有知而欺之，是教之不信。'乃买东家猪肉以食之，明不欺也。"①留下了诚信的佳话。

中国道家也讲究诚信。道家宣扬"道法自然"包含说话算数、诚实不欺的内容。道家四大护法神之一的财神赵公明，就是诚信的楷模。相传赵

---

① 《中国诚信故事》第2辑，中国少年儿童出版社2010年版。

公明早年随师父学艺，一日师父怀饥，让赵公明去寻食，在途中遇见一只黑虎，要吃公明。赵公明对黑虎说："我得给师父送饭，待我送完饭后，再来让你吃。"回到家中，赵公明对师父说："你吃吧，我还要去送给老虎吃"，说完就去喂老虎。黑虎见赵公明如此守信，非但没有吃他，反而成为他的坐骑，这就是赵公明骑黑虎的缘由。[1]

魏晋南北朝佛教传入中国，佛家也讲究诚信。佛经《业报差别经》中说：骄慢放逸，不礼敬三宝的人，受出生卑贱人家的果报；为人挚诚不欺，不说人长短是非的人，则受口气香洁、身心安乐，人所爱敬称誉的果报；能够结缘广施、柔和谦恭、礼敬三宝的人，则受出生富贵之家的果报。可见福祸贫富的果报，完全是依每个人的善恶而决定。[2]

社会主流价值观和道德观潜移默化的教诲，遂使商人们能够对诚信达到较为理性的认识。山西著名商人王文显说："善商者处财货之场，而修高明之行……利以义制，名以清修，各守其业……如此则子孙必昌，深安而家肥富。"著名徽商舒道刚也说："圣人言：以义为利，又言见义不为，无勇。则因义而用财，即所谓之大道也。"[3]所以，颉尊三先生总结说："（晋商）虽亦以营利为目的，凡事则以道德信义为依据，大有儒学正宗之一派，故力能通有无，济公私……近悦远来。"[4]这些说明，中国传统商人诚信理念的形成，社会主流价值观潜移默化的教育有不可替代的作用。

二 商人家庭的诚信教育

中国自春秋实行士农工商社会职业分层以来，"商之子恒为商"，而且重农抑商体制下的社会教育资源分配不合理，阻隔了商人向士阶层的流动，使商人子弟能够获得的教育资源极其有限，商人子弟的教育主要靠商

---

① 刘魁力：《财神》，中国社会科学出版社2006年版，第215—216页。

② 星云法师：《佛教的人生观》。

③ 宁一：《中国商道》，地震出版社2006年版，第27页。

④ 颉尊三：《山西票号之构造》，1936年未刊稿。

人家庭进行。这种家庭职业道德教育，由于耳濡目染，"不学而成，不教而能"，是一种低成本高效益的教育机制。在传统中国，商人对其子弟诚信理念的养成可谓煞费苦心。在家庭建设上，他们注重营造诚信的文化氛围，使商人子弟从小就生活在讲求诚信的环境之中。明清以来的晋商大院和陕商大院，所到之处都悬挂和镌刻着诚信的格言和商训。如山西榆次常家大院就镌刻有著名的《家训》"九必经"，成为常家诚信致富的旨归："凡语必忠信，凡行必笃敬，凡食必慎节，凡画必楷正，凡貌必端庄，凡冠必肃正，步履必安详，做事必谋始，出言必顾行。"①陕西韩城党家大院到处都镌刻和悬挂着"忠厚"、"厚道"、"动莫若敬、居莫若俭、德莫若让、事莫若咨"、"傲不可长、欲不可纵、志不可满、乐不可极"、"无益之事勿为，无益之人勿亲，无益之书勿读，无益之话勿说"②的门楣和商谚、商训，使商人子弟抬头见教，举目有益，起了很好的教化作用。

言传身教是传统商人对其子弟进行诚信教育的主要途径。《太平广记》中就记载了一则商人对其子弟进行诚信教育的真实故事：

北宋时期，翰林学士陈尧咨喜欢养马，他买了一匹烈马，脾气暴躁，不能驾驭，踢伤多人，便将其卖掉。一日，陈尧咨的父亲走进马厩，没有看到那匹烈马，便向马夫询问，马夫说："翰林已经把马卖给一个商人了。"陈尧咨的父亲又问："翰林告诉那商人这是匹烈马吗？"管马的人说："要是跟那个商人说这匹马又咬又踢，人家还会买吗？"陈父很生气，就气呼呼地转身找到儿子质问："你把那匹烈马卖了？"尧咨答道："是。"父亲又问："那你为什么不告诉他这是匹烈马呢？"陈尧咨嘟囔说："他自己看不出这马性子烈，这不怪我。"父亲说："都是我的过错，我忙于经商，没有教育好你。现在就给你讲一个《不欺买主》的故事：唐朝武则天执政时，有一位宰相叫陆元方，他想卖掉东京洛阳城里的一所房子，一切手续都办好了，只等着买房子的人来交钱。买房的人来交钱时，陆元方说，这房子哪里都好，就是没有出水的地方，那个人听后，立刻就不买了。买主走后，陆元方的儿子和侄子们都埋怨他，而他却

---

① 耿彦波：《常家庄园》，书海出版社2001年版，第7页。
② 刘兆英：《溥彼韩城》，陕西旅游出版社2004年版，第127页。

说，你们也太奇怪了，难道可以为了钱欺骗别人吗？"陈尧咨听了很惭愧地说："爸，我知道自己错了。"于是亲自找到那个买马的商人说明了原因，把钱退给了买马的人，自己把马牵了回来。①

这则故事说明商人诚信理念和行为的形成，家庭教育有着最直接的作用。

《登楼杂记》中记载了一则商人教育子弟诚信的故事，更有身教重于言教的启示意义。徽商汪拱乾经商三十余年成为巨富，平时自奉菲薄，"然有人告借者，无不满其意而去，惟立券时必载若干利，因其宽于取债，日积月累子母并计之，则负欠者俱有难偿之患"。有一天，他的几个儿子在一起私下议论道："昔陶朱公能积能散，故人至今称之，今吾父聚而不散，恐市恩而反招怨尤也。"谁知此番议论让拱乾听到了，他对儿子们说："吾有是念久矣，恐汝辈不克体吾志耳，是以蓄而不发。今既能会吾意，真吾子也。"于是，他"检筐中券数千张，尽召其人来而焚之，众皆颂视罗拜"。②

明代有一商人对子弟的诚信教育，更是别出心裁，他开家饭馆，自觉年迈，欲将饭馆传给儿子，为从三个儿子中选择最理想的传人，他想了一个办法：一日，他将三个儿子叫到堂前，对他们说："我欲传饭馆给你们中的一位，为了证明你们三人中谁最有能力，我现在宣布一个办法。"他吩咐家人，搬来三个已经装好土的花盆，然后拿出三粒种子放在桌上，对儿子们说："这是我精心挑选的花种，你们可以任选一粒种在花盆里。半年以后，你们端来给我看。到时候，谁的花养得最好，我就将财产交给谁，但必须要用我发给你们的种子和这花盆里的土。"大儿子和二儿子回到家中，立即将花种种在花盆里，可是，精心栽培了很长时间，就是不见花盆里的种子发芽，于是就偷偷去乡下找花匠，从花匠那里买来种子，换上新土。把新种子种下去，很快就发芽吐绿。而憨厚老实的三儿子，种下种子后，每天按时给花浇水，就是不见种子发芽，他想种子是父亲挑选的，应该没有问题，就继续浇水培育。半年以后，三个儿子都端来自己养的花给父亲看。大儿子和二儿子养的花枝繁

---

① 《中国诚信故事》第2辑，中国少年儿童出版社2010年版。

② 《登楼杂记》，转引自谢国桢：《明代社会经济史料选编》中册。

叶茂，开出鲜艳的花朵，只有三儿子的花盆里空空的，什么也没有长出来。老商人看后，什么也没说，就将饭馆的钥匙和账本交给了三儿子。其他两个儿子很不服气，就生气地问父亲："三弟的花盆里什么都没有，为什么要将饭馆交给他？"老商人说："做生意一定要诚实，因此，我要选一个诚实的人来继承家业。看来你们的弟弟是最诚实的。"两个儿子不解地问："为什么？"老商人缓缓地说："因为那三颗种子都是我炒熟了的……"①

临终遗言更是传统商人对子弟进行诚信传统教育最郑重的途径。明代江西"辰州商人鲁稷，家有余赀出贷，贫穷之甚无偿者，辄不苦勒。临终之时，批帖盈匣，嘱戒二子曰：'我一生放债，批帖在此间。有得本而未得利者，有得半本者，有全未得者，簿载明白。累年未结，是皆悯其贫而不勒者也。倘后有负心者，自送来还，利有不足，亦将原帖还之；不来还者，置之不可逼取，以贻后悔。'二子唯唯听命。及父终，不改父道，兢兢谨守嘱言"。②安徽商人汪姓"历游吴越闽海诸地，以诚信交人，同事无少欺隐，后卒于浦城，病革，犹作书遗诸弟，谆谆忠厚积善为训"。③

三 商业企业的诚信教育

在中国传统社会，商人一般十二岁入商店学徒，除学习必要的商业知识外，终生都需接受商店诚信经营的职业教育。杭州胡庆余堂药店，有一块面对坐堂经理的《戒欺匾》，上面的文字由红顶商人胡雪岩亲自拟定：

凡贸易均不得欺字，药业关系性命，尤为万不可欺。余存心济世，誓不以劣品巧取厚利，惟愿诸君心余之力，采办务真，修致务精，不致欺余以欺世人，是则造福冥冥，谓诸君之善为余谋也，谓诸君之善自为谋亦可。④

---

① 孔刃非：《商本》，中央编译出版社2011年版，第112—113页。

② 归正宁静子：《详刑公案》卷一《吕县尹断诬奸赖骗》，南闽潭邑艺林刘氏太华刊行。

③ 《歙县志》卷四。

④ 宁一：《中国商道》，地震出版社2006年版，第118页。

这篇《戒欺匾》，言切意真，将药业经营的责任与良知写得明明白白，将经商获利、悬壶济世的经济效益与社会效益关系讲得贴贴切切，可以说是一篇商人诚信经营的"宣言书"，它使企业从业人员铭志不忘，至今与胡庆余堂的华丽建筑一样，熠熠生辉，成为中国商人诚信的惊世之作。

在商人的职业教育中，明清以来出现的"商业书"无不注重对商人及其子弟进行诚信的职业操守教育。据复旦大学张海英先生研究，明清以来出现的"商业书"，代表性的作品有：《一统路程图记》、《水陆路程》、《士商类要》、《客商一览醒迷》、《商贾便览》、《生意世事初阶》等。在这些商业书中，诚信教育成为重要内容。从明代程春宇的《士商类要》、李晋德的《客商一览醒迷》，到清中期吴中孚的《商贾便览》、王秉元的《生意世事初阶》，及至清末杨树棠抄本《杂货便览》，这些书无不强调"恣欲刻剥，非良客所为"，"利而义，便可通财"，认为"钱财物业，来之有道，义所当得者，必安享永远。若剥削贫穷，蒙昧良善，智术巧取，贪嗜非义，虽得之，亦守之不坚。非产败，儿必招横祸"。《杂货便览》的《为商十要习》中特别告诫，"取财以道，利己利人"。《客商一览醒迷·警世歌》中再三强调："自古富从宽厚得"，认为"修桥砌路虽为福，建寺斋僧固是仁。未似理财无刻剥，宽些利息让些贫"。特别是"经营贸易及放私债，惟以二三分利息，此为平常无怨之取。若希七八分利者，偶值则可，难以为恒。倘存此心，每每欲是，怨丛祸债，我本必为天夺而至倾覆矣"。①吴中孚的《商贾便览·工商切要》开篇尤其强调，"习商贾者，其仁、义、礼、智、信，皆当教之焉，则及成自然生财有道矣。苟不教焉，而又纵之其性，必改其心，则不可问矣。虽能生财，断无从道而来，君子不足尚也"②。在商人的职业道德和道德规范方面，商书强调艰苦创业，节俭为本。《士商类要·买卖机关》、《客商一览醒迷·警世歌》及《商贾便览·江湖必读原书》均直言，"富从勤得，贫系懒招"。《士商类要·贸易赋》告诫："贸易之道，勤俭为

---

① 李晋德：《客商一览醒迷·警世歌》。
② 吴中孚：《商贾便览》卷一《江湖必读原书》。

先，谨言为本"；同时，勤俭亦"为治家之本"，"为士者勤则事业成，为农者勤则衣食足，为工者勤则手艺精，为商者勤则财利富"。①《客商一览醒迷》亦云，"不勤不得，不俭不丰"，强调"财物必由勤苦而后得，得之必节俭而后丰"，"和能处世，俭能治家"，认为"处人和则无争，家和则道昌，国和则治强，四海和则万邦宁矣。其治家之道，犹在节俭"，应"常将有日思无日，莫等无时思有时"，"若不俭省爱恤，则动渠劳碌，何益哉"。《商贾便览》亦言："若谓贫富，各有天定，岂有坐可致富懒可保贫哉？""吾衣食丰足，未必不由勤俭而得。观彼懒惰之人，游手好闲，不务生理，即无天坠之食，又无他产之衣，若不饥寒，吾不信矣。"②这些经商业贾的启蒙读物，对商人们诚信职业操守和良好品德的养成起了思想铺垫作用。明清小说《萃雅楼》中就记载，商人金仲雨、刘敏叔、权汝修建萃雅楼做生意，规定收贩时节，有"三不买"，即"低货不买、假货不买、来历不明之货不买"；出脱的时节，有"三不卖"，即"太贱不卖，太贵不卖，买主信不过不卖"。他们订立这些规矩，约定互相遵守，始终不渝，成为商人诚信自律的典范。作者特别指出，他们是"将书中的一应故事做成了实事"。③

而"店规"、"业律"是企业对商人进行诚信理念培养的主要形式。有一首山陕商人《格言录》，这样要求："家有家法，铺有铺规。黎明即起，伺奉掌柜。五壶四把，终日伴随。一丝不苟，谨小慎微。顾客上门，礼貌相待，不分童老，不看衣服。察言观色，唯恐得罪。精于业务，体会精髓。一旦学成，身股入柜。己有奔头，双亲得慰。"④这些文字洗练、通俗，对商人们的诚信起了很好的教化作用。

同时，师徒之间的言传身教也是对商人们进行诚信教育的重要渠道。在传统社会学徒制的条件下，师父常常是商人们步入商场的第一个老师，

---

① 程春宇：《士商类要》卷四《立身持己》。
② 吴中孚：《商贾便览》卷一《江湖必读原书》。
③ 李渔：《十二楼·萃雅楼》卷七，人民文学出版社2006年版。
④ 殷俊玲：《晋商与晋中社会》，山西经济出版社2007年版，第124页。

师父的教诲常常使学徒终身受惠。许多历史上的有名商人很注重对后人的诚信教育。孟县商人张静轩教导学徒说："(经商)结交务存吃亏心，酬酢务存退让心，日用务存节俭心，操持务存含忍心。愿使人鄙我疾，勿使人防我诈也。……前人之愚，断非后人之智所可及，忠厚留有余。"①明代徽商汪通保在上海开当铺，生意越做越大，但并未忘"诚信"二字，"处士（汪通保）与诸弟子约：居他县毋操利权，出母钱毋以苦杂良，毋短少；收子钱毋入奇羡，毋以日计取盈"。从记载可以看出，他不准弟子欺行霸市；贷人银钱，不准杂有恶钱，更不准短少，收人利钱，不要计较零头，也不要按日计算，以多收利息。②

传统商人还注重于细微之处观察和培养商人们的诚信本性。山西平遥商人王际美，早年在一家当铺做伙计，一天掌柜不小心将一摞盘子掉在地上摔碎了，为了了解伙计们的为人，掌柜故意叫来大家问是谁干的。伙计们一听，咱谁也没有碰过呀。于是大家面面相觑，逐渐将目光集中在王际美身上。见伙计们都不敢承认，王际美只好站出来说："掌柜的，好像是我早上扫地时不小心碰到地上摔碎的。"掌柜什么话也没说，让大家散去，此后，王际美便因其忠厚老实、敢于承担而得到了掌柜的重用，发展成为山西著名的大商贾。③

四 商人集团的诚信教育

明清之际，中国商业走上商帮的集团化发展道路。而商帮建造会馆作为办事机构和文化教育基地，使诚信教育呈现出制度化、组织化的新形式。

明清出现的商人会馆，作为张扬本土优秀文化的场所，莫不极力营造诚信的商业文化氛围。如明清各地的山陕会馆，在内部装饰上，大肆渲染商人诚信自强、商业自尊的诚信文化氛围和富国裕民的崇商价值观

① 咸丰《孟县县志》卷二。

② 汪道昆：《太涵集》卷二。

③ 宁一：《中国商道》，地震出版社2006年版，第118页。

念，使会馆成为诚信文化教育的基地。北京宣武门外关中会馆的门前有一副对联，上书"羲皇故里，河岳根源"八个字，提示以商兴国的家国意识。山东聊城山陕会馆的献殿，上悬"富国裕民"的铭志匾，表明商人将经营活动与国家兴亡相联系的职业自豪和经营自觉；河南上蔡山陕会馆有名闻全省的"透影壁"，整块石雕由黑色大理石打磨而成，能照见人的身影，寓意商人必须具有身正影端的职业自觉；河南社旗山陕会馆的戏楼，上悬"悬鉴楼"大匾，寓意商人要有明镜高悬、自强自爱的精神诉求；献殿前的石牌坊中雕刻有"仗义"、"秉忠"的经商操守，戏楼内墙悬有"既和且平"的巨匾，寓意商人追求和气生财，通过公平交易达到和谐发展的目标。①山东聊城山陕会馆，山门的左右柱础四面石雕图案，大雁嘴里衔一枝芦苇；在院内大殿外檐下也有两组彩绘木雕，真切地反映出几只大雁在河水泱泱中展翅飞向一座方城。别人看大雁可能会不以为然，在山西、陕西商人心目中，大雁是传统伦理道德的完美象征。《雁门志》记载："秦汉以为北边，代山高峻，鸟飞不过，中有一缺，鸿雁往来。代多鹰隼，雁过被害。惧其门不敢过，呼为巨门。雁欲过其山，必衔芦一枝，然后敢过。鹰隼见而惧之，雁得过山，即弃芦枝，因以名焉。"为什么大雁嘴里衔一枝芦苇可以过雁门关？据《雁门志》载，相传雁类自古被誉为"节义"，这一传统流传久远，形成了山西、陕西商人一种"诚信与敬业"精神永久的行为标志。可以说，晋商文化是以大雁象征文明的生命力，寓意大雁领队品位高节，飞向天下四方经商求富并非是山西商人的最终目标，以至山西商人致富发财，不忘救助社会的广大穷苦人民。②这些独具匠心的文化设计，体现了商人组织诚信教育的良苦用心，使商人们"每瞻玩不能去"③，在其间感同身受，接受诚信文化的熏陶。

工商会馆还通过神灵崇拜对商人进行诚信品德的教育。恐惧是迷信赖以产生、存在和保持的原因。市场经济是风险经济，商情莫测，逆顺难

---

① 李刚：《陕西商人研究》，陕西人民出版社2007年版，第211页。

② 禾齐秀：《晋商〈天成西〉老字号》。

③ 同治《泌阳县志》卷十《艺文》，成文出版社1972年版。

料，特别是对久羁逆旅、远别家乡的客商来说，人地生疏，四处漂泊更增添了生活的不安全感，他们通过神灵崇拜来释放对此岸世界的恐惧，心存对彼岸世界的向往。河南山陕会馆《重修关帝庙碑》中对商人祭拜神灵的化险去灾需求说得很透彻，商贾"抑去父母之邦，营利于千里之外，身与家相塍，财与命相关，析灾患之消除，惟仰赖神明之福祐，故竭力崇奉"。①

工商会馆的神灵崇拜又是对商人进行诚信品质教育，整饬行业行为的形式。关公坚毅果敢、忠贞不贰的品格，历来是中国诚信精神的凝聚偶像和物象反映，因此，各地山陕会馆莫不祭祀关公，一般被称为"关帝庙"。会馆通过关公崇拜就是对商人进行诚信精神的教育，通过对彼岸世界的神灵祭奠，召唤此岸世界的忠义精神的回归。《汉口山陕会馆志》中把山陕商人祭拜关公、宣扬诚信精神的意图表达得很直白："夫子读麟经深明大义。故身虽陷敌，志百折而不回，以刘豫州分固群臣而恩，则如手足，千古群臣相得无有逾君……今秦晋商人体夫子之心，以事君则忠君也，以事孝则孝子也，以敬先则悌弟也，以交友则良朋也，忠心忠行，行心笃敬。"②而洛阳山陕会馆《关帝仪仗记》中，将通过关帝崇拜整饬市场不正当竞争行为、净化市场环境的目的表述得更为淋漓尽致："帝君之忠义神武足以震浮起靡……以风视商贾使熙熙攘攘竞刀锥子母者，日夕旅承于帝之旁，庶其触目惊心，不至见利忘义，角铸张而尚狙诈也。然吾实北之燕赵，东游齐鲁，南之吴楚之交，几通都巨邑商贾辐辏之区莫不有帝君庙，秦晋所聚集会馆尤多，其只事君尤勤，以至而究其所以事之意，不过借物以为救眉之具，至利为义之说。"③这里"借物以为救眉之具"，将利用关帝崇拜整饬触目惊心的见利忘义、"角铸张而尚狙诈"之市场行为，达到"至利为义"的教化功能表达得异常明晰。所以，明清时期山陕商人进入会馆的第一件事，就是沐浴更衣，到关帝像前焚香跪拜，接受关帝诚信精神的抚慰。

---

① 咸丰《沁阳县志》卷二《艺文》。

② 《汉口山陕会馆志》，光绪二十一年（1895）景庆义堂刻本，第14页。

③ 《山陕会馆关帝仪仗记碑》，现存洛阳山陕会馆内。

在会馆里设戏台，是明清时期山陕商人的一个创举。"天下会馆数陕西，秦腔梆子响一齐"，①会馆通过唱戏观剧，展示了诚信教育"寓教于乐"的新特色。在明清山陕会馆演出的戏文中，有大量教化商人讲求诚信的内容。如《高山流水》写楚人俞伯牙与樵夫钟子期以琴为友，终生知音的友谊故事；《萝卜园》写萝卜园贩夫贩妇，赤诚善良，帮助尚书女与情人团聚的故事；《送米》写民女庞三春以绩麻换钱为婆婆治病的孝义良善故事；《卖华山》宣扬诚信为本的经商理念；《大登殿》写王宝钏与平民薛平贵不弃不离的爱情故事；《柳毅传书》写龙女舜华公主与书生柳毅相爱，柳毅不爽前盟，举身赴死到龙宫传书的故事；《水漫金山》写药商许仙与白娘子遇难不弃的传奇故事；②这些戏文从不同侧面反映了商人们的实际生活，以艺术形式再现了商人们渴求诚信的情感世界，在"戏路即商路"的教化中，培植了商人们诚信的自觉性。

五 官府的褒扬与推广

在中国传统社会重农抑末经济体制下，官府对市场采取自由放任的管理制度，对商人的市场经营并不过多干预。但出于维持统治和维护传统道德以及官员树立政绩的需要，官府也常常对商人们的诚信义举进行褒扬，使商人诚信的优良品质由于官府的宣扬而得到了有力推广。

挂匾勒石，是官府褒扬诚信、树立典型的重要形式。清朝末年慈禧西狩，清政府逃亡陕西。陕西商人秉承忠义，乘风而起，捐金献银，资助政府渡过难关，官府以"资政大夫"衔作为回报，一时"大夫第"、"忠义匾"挂满渭北。陕西三原商人安吴寡妇周颖，在慈禧西狩期间，捐银一千万两，被慈禧认作干女儿，并由官府拨一百两白银，令其在故乡修筑功德牌坊，以示褒扬，至今耸立在吴家墓园；韩城党家在国难期间，用其骡马为官府搬运粮草，受官府表彰，由官府拨发银两为其一妇女建"节孝祠"，慈禧还亲笔题写了大"福"字，至今篆刻在党家大院的照壁上。渭

---

① 雷梦水：《中国竹枝词》第四册，北京古籍出版社1997年版，第3236页。

② 李刚：《陕西商帮十讲》，陕西人民教育出版社2008年版，第103页。

南信义镇富商焦荣栋，在四川做生意忠厚为本，陕西受灾期间，施粥放药，救济苦难，受官府褒奖，拨银令其建功德碑，至今依然耸立在焦家村。[①]官府的这些褒奖举措，提升了商人诚信的政治含量，使商人的诚信美德更具有公信力。

利用县志、州志的地方志编写活动，将商人们的诚信善举载入史册，使商人因诚信而光宗耀祖，是官府奖励诚信的又一重要举措。明清以来的县志、州志编撰，都辟有《孝子》、《善举》、《流寓》、《烈女》等栏目，登载商人们诚信的事迹，使商人们的诚信活动得以青史留名。如陕西户县商人郭仰山，设药肆秦渡镇上，"栋材精审，身亲创灸。虽极贵品，不敢以假乱真，盖公曰：'药之良否，人命忧天，敢儿戏乎！'有穷人严冬昏夜叩门求药，无不予者。盖公又尝曰：'命等尔，贫穷也是命乎，且病痛思药，心急如焚也'"。由于他做生意货真价实，言不二价，在远近闻名遐迩，被大家尊称为"不二郭家"。[②]陕商王宗鹤，在甘肃静宁做布匹生意，不小心将驮布的驴丢失，很后悔。有一日，一匹驮布的驴误入其家，家人欲执之。王宗鹤上前查看，见不是自家丢的驴，认为非己之物，不得为己，如是则无法取信于人，"为布商累也"，遂牵驴访主，送还失主。[③]陕西商人程希仁，早年从父在城固做生意，放贷以川湖间。有一年家乡闹灾，里中有桑姓二人，逃难城固，几不能生，希仁见状，宅心仁厚，给衣食不闻报。及岁终，公又给路费使归，还帮其复业起家。后希仁死，两兄弟奔丧，悲泣殊常人，问其故，才告知前情，人多泪下。[④]这些商人们的诚信故事都是地方志为我们保留下来的珍贵历史资料。而且，地方志的入志记载活动，为商人树碑立传，使商人名扬乡里、夸耀四邻，也对商人们的诚信起了刺激和推动作用。

① 李刚：《陕西商帮十讲》，陕西人民教育出版社2008年版，第103页。
② 光绪《户县志》卷二，成文出版社1972年版。
③ 嘉庆《静宁县志》卷二，成文出版社1972年版。
④ 光绪《南郑县志》卷二，成文出版社1972年版。

第五节
传统商人职业自觉和职业自尊的觉醒

外因是变化的条件。家庭、团体和社会的诚信教育无论多么努力、多么完备，也只是商人诚信精神确立的条件，天天在关帝像面前磕头，也未必是“龙的传人”。商人诚信精神的确立和践行，说到底是商人内心自省和精神修致的结果。明清以来社会重商风气的形成，多层次诚信教化的呼唤，商人职业自觉和职业自尊的唤醒，才是商贾诚信文化得以普世的根本原因。

在中国传统社会重农抑末的经济体制和士农工商的政治结构下，历代政府的“贱商”政策及其导致的“贱商”观念的长期流传，使商人始终处于社会的最底层。秦将商人与赘婿、囚徒同列；汉代商人不许衣丝乘车，魏晋南北朝更规定商人一脚穿白鞋，一脚穿黑鞋，近似魑魅魍魉。宋代街市买卖人，各有服色头巾，可辨是何名目。这种贱商的社会歧视，是传统商人挥之不去的心灵悲怆。宋人李昉《太平广记》记载了这样一则故事：唐仆射柳仲谦镇郪城，有婢失意，于成都卖之。通告有谓绫绢者，召之就宅。柳婢失声而仆，似中风，命扶归之去。翌日而瘳，诘其诉苦，婢曰：“某虽贱人，曾为仆射婢，死则死矣，安能事卖绫绢牙郎乎！”[①]连奴婢服侍商人都像中风一样，商人社会地位的低下，可见一斑。难怪欧阳修在《家训》中谆谆告诫家人：“商贩之家，慎莫为婚；市道接利，莫与为

① 邱绍雄：《中国商贾小说史》，北京大学出版社2004年版，第143页。

邻。"①陆游在《放翁家训》中告诫子女："切不可迫于衣食，为市井小人事耳"，并公开声称父辈爱其子孙则"欲使之为士，而不欲使之流为工商"，②始终保持着对商人的轻视态度。

就是到明代初年，朱元璋还是"加意重本折末，令农民之家，许穿细纱绢布；商贾之家，只许穿布；农民之家但有一人为商贾者，亦不许穿细纱"③。所以，万历时诗人薛论道就在散曲《嘲客商》中设计了一个商贾夫妻父子相见不相识的讥讽性场面："东沽西卖，天涯云外。一身万里不辞，两脚经年偏快，走遍了江湖，家乡何在？朱颜非旧，须发斑白，妻惊慌而忙回避，儿问客从何处来？"明代中叶后，商品经济发展加速，许多文人"弃儒经商"，加入商贾的行列，其内心世界的痛苦和挣扎依然纠结不去，对沦为竖贾的处境依然充满了无奈和嘲弄。明初文人张羽曾写《贾客乐》对商贾进行赞美："长年何曾在乡国，心性由来好为客。只将生事寄江湖，利市何愁远行役……浮家泛宅无牵挂，姓名不系官籍中……人间何如贾客乐。"同时代的徐贲也有《贾客行》一诗，表达了几乎相同的意思："贾客船中货如积，朝在江南暮江北。平生产业寄风波，姓名不入州司籍……相期尽说莫种田，种田岁岁多徭役。"可几乎与之同时，明初有一个叫张昱的文人，就写了一首题为《估客》的诗，进行反驳和讽刺："不用夸雄盖世勋，不须考证六经文。孰为诗史杜工部？谁是玄经扬子云？马上牛头高一尺，酒边豪气压三军。盐钱买得娼楼宿，鸦鹊鸳鸯醉莫分。"④意思是说，商贾再有钱，但却没有文化，之乎者也不懂不说，连宿娼"鸦鹊鸳鸯"都分不清。所以，明代小说《李素兰风月玉壶春》中就演绎了这样的一段故事：书生李文武爱妓女李素兰，有山西客商甚黑子（连名字都有贬义）装三十车羊绒潞绸来嘉兴贩卖，以货换取李素兰。客商盛气凌人，说秀才："怎比我有三十车羊绒潞绸，可知现世生苗哩！"李秀才说："你虽有万贯财，怎如俺七步才。两件儿哪一件声名大。你那财常

① 陈良谟：《见闻纪训》，第6页。
② 《东阳陈君义庄记》，载陆游《渭南文集》卷三。
③ 《明会典》，中华书局1989年版。
④ 党诚恩：《中国历代商贾诗词选》，中国商业出版社1990年版，第13、47页。

踏着虎口红尘里走，我这才但跳过龙门白金殿上排。"①表明了对商人的不屑和讥讽。因而，凌濛初《二刻拍案惊奇》"赠芝麻识破假行"中描写：蒋生治好马云蓉小姐的病，马少卿要招蒋生为婿，蒋生战战兢兢地说出了一段话："小生原籍浙江，远隔异地，又是经商之人，不习儒业，只恐有玷门风。"②就是商人对自己地位低下的哀叹和自嘲。就连《金瓶梅》中"挣了泼天家私"的西门庆也对儿子说："儿，你长大来，还挣过文官，不要学你家老子，做过西班出身，虽有兴头，却没十分尊重。"③"没十分尊重"真切道出了商人的地位卑微和心灵灰暗。

但是"青山遮不住，毕竟东流去"，明清以来商品经济的加速发展，商人们跨州越县，周流天下给人们生活所带来的巨大变化，以及商品流转给商人们所带来的巨额利润，使士、农、工的职业收入在其面前都显得黯然失色。《二刻拍案惊奇》"叠居奇程客得助，三救厄海神显灵"中的程宰只做了三笔生意，竟赚得四千多两银子。第一笔是用十两银子购进黄檗、大黄各千来斤，卖得五百多两银子，他赚取5000%的利润；第二笔是用五百两银子买进遭雨淋生斑点的彩缎，不到一个月，将一两银子一匹购进的彩缎三两一匹卖出，连本带利获取一千五百两银子，利润率也有200%；第三笔是以一千两银子批进六千匹白布，成交后不久全部卖出，而且每匹"卖得七八钱银子"，利润率高达500%。④这虽然是文学描写，但也不是十分不靠谱。在不受平均利润率制约的封建社会，城乡隔绝，工商比较效益差别巨大，高额利润是常有的事。清人邃园所著《负曝闲谈》中主人翁李小溪说："这银子还好零使，只金子不敢这里卖，不是临清，就上东京去。这三百两金子，少也要七八换，值二三千银子。"利润率也是100%。⑤《金瓶梅》中描写西门庆的缎铺开张那天，摆了15桌酒席招待来客，同时柜台上发卖货物，结果当日"伙计攒账，就卖了500余两银

① 谢桃坊：《中国市民文学史》，四川人民出版社2003年版，第159—160页。
② 凌濛初：《二刻拍案惊奇》卷二十九，古典文学出版社1957年版。
③ 兰陵笑笑生：《金瓶梅词话》第五十回，人民文学出版社1988年版。
④ 凌濛初：《二刻拍案惊奇》卷三十七，古典文学出版社1957年版。
⑤ 邃园：《负曝闲谈》，上海文化出版社1957年版，第58页。

子，西门庆满心欢喜"。①这种商业与社会其他职业收入的巨大落差，使人们又一次重复了"以贫求富，农不如工，工不如商，刺绣文不如倚市门"的社会现实，开始正视商业的社会作用和改变"贱商"的传统观念，逐渐形成重商的社会风气，《二刻拍案惊奇》中"叠居奇程客得助"写徽州的习俗是："凡是商人归来，外而宗族朋友，内而妻妾家属，只看你所得归来的利息多少为重轻。得利多的，尽皆爱敬趋奉；得利少的，尽皆轻薄鄙笑。犹如读书求名的中与不中归来的光景一样。"②把商与士并列，将商人获利的多少与博取功名等同，反映了世情人心的变化。明清时期的山西也形成俊俏弟子"一等者经商，二等者务农，三等者读书"的重商风气，③以至于清初陕西商人孙枝蔚到仪真访友时写下一诗："满路尊商贾，愁穷独缙绅。古今风俗异，难只怪仪真。"仪真是当时苏北靠长江的一个商业小镇，"尊商"之风尚且如此。因此，清代文人沈垚有一席非常著名的话，反映了他对士商关系变化的感知与总结："古者四民分，后世四民不分；古者士之子恒为士，后世商之子方能为士。此宋、元、明以来变迁之大较也。天下之士多出于商，则纤啬之风日益甚。然而睦姻任恤之风往往难见于士大夫，而转见于商贾，何也？则以天下之势偏重在商，凡豪杰有智略之人多出于焉。其业则商贾也，其人则豪杰也。为豪杰则洞悉天下物情，故能为人所不为，不忍人所忍。是故为士者转益纤啬，为商者转敦古谊。此又世道风俗之大较也。"④所以，《二刻拍案惊奇》借主人翁马少卿之口说出了一句时代变迁的话："经商亦是善业，不是贱流。"⑤这是明代之前不可能产生的价值评判。

这种商业的社会功能被认知，商人的社会地位进一步提升的风气，激发了商人的职业自觉和职业自尊，呼唤了他们诚信良知的回归。诚信经商，诚实做人，成为大多数商人的立身格言。《喻世明言》中"蒋兴哥重会珍珠衫"里，描写蒋兴哥意图重操经商旧业，对其妻说道："常言'坐

① 兰陵笑笑生：《金瓶梅》第六十回，人民文学出版社1988年版。
② 凌濛初：《二刻拍案惊奇》，古典文学出版社1957年版，第128页。
③ 张正明：《明清晋商与民风》，山西人民出版社2005年版，第159页。
④ 沈垚：《落帆楼文集》卷二十四。
⑤ 凌濛初：《二刻拍案惊奇》卷三十七，中华书局2009年版。

吃山空’，我夫妻两口也要成家立业，终不然要抛了这衣食道路。"①同样，在"杨八老越国奇逢"里，陕西商人杨八老出门经商时也与妻子说："我年近三旬，读书不就，家事日渐消乏。族上原在闽、广为商，我欲凑些资本，买办货物，往漳州商贩，图几分利息，以为赡家之资，不知娘子意下如何？"结果其妻不假思索地回答："妾闻治家以勤俭为本，守株待兔，岂是良图？乘此壮年，正堪跋涉，速整行李，不必迟疑也。"②凌濛初编撰的《初刻拍案惊奇》"郑月娥将错就错"中屯溪潘甲娶滴珠为妻，成亲两月，潘父就发作儿子道："如此你贪我爱，夫妻相对，白白过世不成。如何不想去做生意？"潘甲无奈与妻滴珠说了，两人哭个不住，说了一夜话，次日潘父就逼儿子出外做生意去了。③《初刻拍案惊奇》卷八"乌将军一饭必酬"中杨氏在侄儿王生长大后力劝其"到江湖上做些买卖，也是正经"，王生听罢欣然道："这个正是我们本等。"当侄儿经商受挫，犹豫迟疑时，杨氏"又凑起银两，又催他出去"，要其坚定经商的决心，"不可因此而堕了家传行业"。④

现实生活中这样的例子也不少。安徽祁门商人程神保，"莆卯从其父贾济南、下邳间，蒙霜露，沐风雨，绝甘分少，与佣保杂作习惯如自然者，至握算，驵侩莫能难也"。后失资，其妻李氏"蚕织簪饵助之，得三十金，贾峡江、贾闽、贾楚"皆不利，"而走南海，市海错往来清源、维扬间，复如楚，资用复饶"。⑤真正是一个百折不挠的"徽骆驼"。

明代时，陕西商人郑绍经华山遇皇尚书女，遂婿之。新婚不久，绍要负货远行，对妻子说："绍予一商耳，多游南北，惟利是求……常暂出以辑理南北之财。"其妻曰："新婚燕尔，未闻经月有别也。"过了几日，郑绍再也待不住了，对妻子说："我一介商人也，泛江湖，涉道路，乃是常份，虽深诚见挽，若不远行，亦心有不乐。"其妻无奈，只好送新婚丈

① 冯梦龙：《喻世明言》卷一，人民文学出版社1985年版。
② 同上书，卷十八。
③ 凌濛初：《初刻拍案惊奇》卷二，中华书局2009年版。
④ 同上书，卷八。
⑤ 李维桢：《大泌山房文集》卷七十三《程神保转》。

夫携货就路，外出经商。①这一段新婚夫妻的对话，表现了传统商人很好的职业操守和职业自重。

三原商人孙豹人在扬州经商，三年之间三致千金，后闭门读书成为诗人。清康熙年间举为博学鸿儒科，官授内阁中书。豹人辞官不就，说："吾侨居广陵数十年，嗷嗷待我，使我官京师，不令举家饿死乎。"则从另一个角度反映了传统商人的职业自豪。②

明代陕西盐商梁选橡总结自己经商的体会时说："善贾者不获近利，善保者不身偿法，盐与他贾异名虽两交，而实关三尺，吾谨守之。"③这里"盐与他贾异名虽两交，而实关三尺"就是传统商人的职业自觉，使他们把商业信誉看得比生命还重要，将诚信不欺作为三尺男儿立于天地之间的基本信条。

这些都说明，诚信文化是"多种历史因素综合"的结果，才使得诚信文化在中国源远流长，川流不息，成为中国传统商业经营思想一条闪光的红线。

① 冯梦龙：《燕居笔记》卷二。
② 《清朝野史》第三编：巴蜀书社1987年版，第127页。
③ 温纯：《温恭毅公文集》卷二。

第三章
中国传统商人诚信文化的内涵

"诚信"作为一种文化现象，与人类活动相始终，本身又经历了漫长的发展和不同时代的内容变迁。

"诚"和"信"在中国典籍文献中出现得都很早，但在很长时间内是分体单用的。

第一节
中国传统商人诚信文化的基本范畴

"诚信"作为一种文化现象,与人类活动相始终,本身又经历了漫长的发展和不同时代的内容变迁。

"诚"和"信"在中国典籍文献中出现得都很早,但在很长时间内是分体单用的。

"诚"在中国历史文献中出现最早的是《尚书》。《尚书·太甲下》中有"神无常享,享于克诚"的记载。《尚书》里的"诚",是天的根本性征,主要指人们真实无妄笃信鬼神的虔诚状态。到《周易》"诚"已不再只有纯粹的宗教色彩,《周易·乾》中讲"修辞立其诚,所以居业也",已经有了人伦的道德意义。中国传统文化中将"诚"上升到伦理道德规范进行探索的是孟子,他说:"居下位而不获于上,民不可得而治也。获于上有道,不信于友,弗获于上矣。信于友有道,事亲不悦,弗信于友矣。悦亲有道,反身不诚,不悦于亲矣。诚身有道,不明乎善,不诚其身矣。是故诚者,天之道也;思诚者,人之道也。"这段话的意思是说,下级民众得不到上级的信任,这样国家是不可能治理好的。获得上级的信任是有方法有规律的,如果得不到朋友的信任,就得不到上级的信任。得到朋友的信任是有方法的,如果侍奉父母而不能使他们欢悦,就得不到朋友的信任。侍奉父母而使他们欢悦是有方法的,如果自己不能心诚意诚,就不能使父母欢悦。使自己心诚意诚是有方法的,如果不明白什么是善,就能不使自己心诚意诚。所以说,诚,是自然界的规律,追求诚是做人的规律。极端诚心诚意而不使人感动的情况从来就不会有。这段话说出了"天道之诚"、"本体之诚"两个重要概念，孟子以此告诫人们，"诚"是顺应天道与人道的基本法则。荀子发挥了孟子"诚"的思想，并开始把"诚"和政治联系起来，把"诚"从做人之道扩展为治世之道，指出"诚"乃"政事之本"，从而提出了工夫论之诚，即"修养之诚"，他说："君子养心莫善于诚，致诚则无它事矣，惟仁之为守，惟义之为行。诚心守仁则形，形则神，神则能化矣；诚心行义则理，理则明，明则能变矣。变化代兴，谓之天德。"意思是说，君子怡养心神没有什么比诚更好的了，达到诚则没有别的事了。要达到诚，唯有恪守仁，只有践行义，诚心恪守仁就能使德行表现出来，德行表现出来就能达到超凡至美的境界。达到超凡至美的境界，就能变化自如，移风易俗，完善社会。诚心诚意地践行义，就能变得理智，理智则使人清明，清明则使人能够变通事理，应变自如，能变能化相互结合，就是最高的德行。在儒家经典《礼记·大学》中，"诚意"作为"八条目"之一，成为连接"格物"、"致知"与"正心"、"修身"、"齐家"、"治国"、"平天下"的重要环节，成为道德内在本质与外在修养的关节，具有促进道德完善、家庭和睦、国家兴旺与安宁的多种社会功能。

"信"一词源于《左传》的"宣十二篇"。王曰："其君能下人，必能信用其民矣。古人又云：人之道德，有诚笃不欺，有约必践，夙为人所信任者，为之信用。"春秋战国时期，儒家"信"的思想言论很多，孔子很重视"信"，并正式把"信"列为一条重要德目。在《论语》中，"信"出现十六次。体现了他对"信"的高度重视，如子贡问政，子曰："足食，足兵，民信之矣。"子贡曰："必不得已而去，于斯三者何先？"曰："去兵。"子贡曰："必不得已而去，于斯二者何先？"曰："去食。自古皆有死，民无信不立。"孔子的为政之道，是在都极其重要的足食、足兵、民信的三者选择当中，必不得已时"信"是要保留的第一位选择。

又如，子曰："人而无信，不知其可也。大车无輗，小车无軏，其何以行之哉"，人如果没有了信，就像车辕与横木之间没有连接的榫，还怎么行走？这里是说人如果没有信，将在社会上寸步难行。《论语》中还把信与义联系起来，"有子曰：信近于义，言可复也。恭近于礼，远耻辱也"。"人而无信，不知其可也。"这是把"信"看做个人事业成败的基础。"言必信，行必果"，这是把"信"看做个人必备的品德。"民无信不立"，这是把"信"看做治国的根本。

而最先将"诚"与"信"连用的是先秦法家先驱管仲。他明确讲："先王贵诚信。诚信者，天下之结也。"①认为诚信是集结人心、使天下人团结一致的保证。战国末期，荀子也曾将"诚"与"信"连用，"诚信生神，夸诞生惑"。诚实守信可以产生神奇的社会效果，相反虚夸妄诞则产生社会惑乱。荀子非常鄙视为了个人利益反复无常没有信用的人，称他们为小人："言无常信，行无常贞，唯利所在，无所不倾，若是则可谓小人矣"，他所指的信是和个人的内在修养紧密联系在一起的，只要自己愿做一个讲信用的人，即使别人不相信，他还是要做一个有信用的人。他说："士君子之所能不能为：君子能为可贵，不能使人必贵己；能为可信，不能使人必信己；能为可用，不能使人必用己。故君子耻不修，不耻见污；耻不信，不耻不见信；耻不能，不耻不见用。是以不诱于誉，不恐于诽，率道而行，端然正己，不为物倾侧，夫是之谓诚君子。"②士君子之所为有能做到的有不能做到的：君子能够做到自尊自重，但不能做到使别人也必然尊重自己；能做到有信用，不能做到使人必然相信自己；具备了可用之才，但不能使别人必然任用自己；耻于修养不好，而不耻于受别人的污蔑；耻于自己不能有信用，不耻于不被别人信任；耻于自己没有能力，不耻于不被别人任用。因此不会受荣誉的诱惑，不会被诽谤吓倒，遵循正道而行事，庄重地持正自己的行为，不因外界的影响而动摇，这样的人就是诚实的君子。

"诚"是儒家为人之道的中心思想，是一种真实不欺的美德，要求人们修德做事，必须效法天道，做到真实可信。说真话，做实事，反对欺诈、虚伪。"人言为信"，"信"不仅要求人们说话诚实可靠，切忌大

---

① 《管子·枢言》。
② 《荀子·不苟》。

话、空话、假话，而且要求做事也要诚实可靠。而"信"的基本内涵也是信守诺言、言行一致、诚实不欺。"诚"、"信"意义相近，常常被互换互用，到东汉许慎的《说文解字》，仍然是以诚释信，以信释诚。许慎《说文解字》云："诚，信也。""信，诚也。"但在儒家文化中，诚和信的立论前提还是有细微的差别。"诚"主要是从天道而言，"信"主要是从人道而言。故孟子曰："诚者，天之道也；思诚者，人之道也。""诚"更多地是指"内诚于心"，"信"则偏重于"外信于人"；"诚"更多地是对道德个体的单向要求，"信"更多地是针对社会群体提出的双向或多向要求；"诚"更多地是指道德主体的内在德行，"信"则更多地是指"内诚"的外化，体现为社会化的道德践行。当然，这种区分并不具有绝对的意义，二者是相互贯通、互为表里的，"诚"是"信"的依据和根基，"信"是"诚"的外在体现。正如北宋理学家张载所言："诚故信，无私故威"①，"诚"与"信"共同构成道德的主脉。

"文化"最早出现在中国古代典籍中，可以追溯到《周易》。"贲"卦《象传》中说："观乎天文，以察时变；观乎人文，以化成天下。""文化"作为一个整词出现是在西汉时期，刘向《说苑·指武》中有"凡武之兴，为不服也；文化不改，然后加诛"。而文化作为一个内涵丰富、外延宽广的多维概念，是由近代欧洲人开创的。1871年，英国人类学家泰勒在其《原始文化》一书中对文化作了系统阐释。他提出，文化或文明，就其广泛的民族学意义来说，乃是包括知识、信仰、艺术、道德、法律、习俗和任何人作为一名社会成员而获得的能力和习惯在内的复合整体。对文化概念进行了详细考察和整理的是美国文化学者克罗伯和克拉克洪。他们在1952年发表的《文化概念》一书中，对当时西方的160多个关于文化的定义作了梳理与辨析，并在此基础上作出他们的概括："文化由外层的和内隐的行为模式构成；这种行为模式通过象征符号而获致和传递；文化代表了人类群体的显著成就，包括他们在人造器物中的体现；文化的核心部分是传统的（历史地获得和选择的）观念，尤其是它们所带的价值。文化体系一方面可以看做人类活动的产物，另一方面则是进一步活

---

① 《张载集·正蒙·天道》。

动的决定因素。"这一综合定义确定了文化的符号传递方式和其历史与传统的构成核心，并强调其动态过程性，文化既是人类活动的产物，又是决定人类活动的要素。

文化哲学把文化结构区分为物质文化、制度文化、精神文化三个层面。物质文化实际是指人在物质生产活动中所创造的全部物质产品，以及创造这些物品的手段、工艺、方法等。制度文化是人们为反映和确定一定的社会关系并对这些关系进行整合和调控而建立的一整套规范体系。精神文化也称为观念文化，以心理、观念、理论形态存在的文化。它包括两个部分，一是存在于人心中的文化心态、文化心理、文化观念、文化思想、文化信念等；二是已经理论化、对象化的思想理论体系，即客观化了的思想。

"诚信文化"在中国漫长的历史长河中，是作为道德伦理规范的主流价值观而存在的。春秋以降、明清以前，中国一直是一个伦理中心主义的封建大国。在中国传统道德体系中，诚信之德成为中国传统伦理的结合点，诚信与封建道德的其他规范相互贯通并居于核心地位。一方面，诚信之德具有内发性特点。从道德在于主体自为的特性上讲，主体之诚信对于成就理想人格具有非同小可的意义，道德主体诚心为善并付诸实行，是履行各种道德规范的前提。另一方面，诚信之德又具有扩展性特点。它既内发于主体之内诚，又可以扩展为仁义礼智信等多种道德，因而成为众多人成就理想人格的起点。因此，诚信，是中国传统道德中十分重要的规范。儒家视诚信为进德修业之本，立人、立政之本。足见诚信规范在传统道德中的地位和作用。它要求人们诚善于心，言行一致，表里如一，真实好善，博济于民。无论是待人处事，还是治产经商、治理国家，都离不开诚信。

但中国儒家所讲的"诚信"，作为道德范畴有几种不同的含义，要而言之，其一，是诚实无欺；其二，是相互信任；其三，是信守承诺。这几种要求既是指向主体自我的，又同时是指向客体的。诚实无欺可以指主体不自欺，是主体的自我指向。但人总是处在社会联系之中，因此它必然牵涉到不欺骗谁、对谁诚实的问题；信任可以指主体的自我信任，但更多的时候是指信任他人或被他人所信任；信守承诺可以是一种自我承诺，但它常常是指能够履行对他人的承诺。所以，它们既是个人的内在品质也是人的行为规范。但是，分析起来它们之间又确实有所差异。首先，诚实无欺、相互信任是社会中一般的道德要求。这里的"诚信"是信誉，指诚实无欺。诚实无欺是人安身立命的基础，做人不诚实就像车子的辕木与横木没有接榫，是没有办法行走的。而信守承诺是对特定对象的责任，因为信守承诺一定是先有承诺，然后才谈得上信守，而承诺总是对特定对象的承诺。其次，诚更多地指主体自我的修养以及由此形成的个人内在的道德品质、德性和道德境界，而相互信任、信守承诺则常常指人们在交往中的行为规范和外在行为表现。再次，信任往往以一种非常主观的形式出现，而信守承诺意味着按照所做的承诺行为，因而要诉诸人的外显行动。诚实不欺是信任和守信的基础和条件，一个人诚实才能得到他人的信任，一个诚实的人才容易信任他人，信守承诺之所以千百年来成为人们行为的圭臬、美德的体现而被不断地加以弘扬，是因为这样的行为品性是社会的要求，是人的发展和完善的需要。

"诚信文化"作为中华民族的传统美德长期被坚持和弘扬，成为社会长期占主导地位的伦理价值观和行为规范。但在明清以前的中国社会，由于四民分业和职业目标分层的不同，"君子喻于义，小人喻于利"，商贾之习乃小人之习，君子者不为也，士多以沾染贾风为耻。所以，孔子的学生樊迟请学稼，子曰："吾不如老农。"请学圃，子曰："吾不如老圃。"在儒家看来，商人贩贱鬻贵，谋利于市，斤斤计较于刀椎之间，奸邪无行，所以必须坚持"礼不下移"，实行"利义分途"，士商各行其道，"君子谋道不谋食"，"小人谋食不谋道"。加之在重农抑末的"贱商"体制下，商人被剥夺了受教育的权利，"商之子恒为商"，商人及其子弟被剥夺了利用社会公共教育资源的权利，大多数处于文盲或"初识文墨"的低层次水平，致使中国传统社会长期处于有商业而无"商业文化"的尴尬局面。商人们只是出于个人人格的本能在践行着"诚信伦理观"或"利益伦理观"，而无法形成系统的文化认知。尽管从管子以来，有不少有识之士挺身而出为商人立言，如司马迁、桑弘羊、贾思勰、刘炎等，但他们更多地也是从维系封建统治、论证官府经济政策的需要出发而谈，也只是一些商业思想的闪光，没有形成系统的理论。正如王尔敏先生指出的那样："历史上少有独立之商务经营与成就之记录，凡有一鳞半爪之出现，均不免于附丽于政治问题之中。是以中国史上本有之工商家英杰贤士，其能为人所知者，却少而又少。……商人经验、成就与贡献，商业经营、规制与方法，既无学术记录流传，一切多留存于心摹口授之间，在中国史上自亦难有商学一门之出现。"①

这种士商分离的隔膜状态，到明清以后才有了较大的改观。

明清以后，随着中国商品经济的加速发展和市场经济因素的萌芽，一些儒生为生存和发财致富的欲望所驱动，纷纷加入商人的行列，形成"弃儒经商"的局面。就连屈居祖国西北，文化被边缘化的陕西，明清时期也出现了不小的"弃儒经商"浪潮。如三原大贾胡汝宽"罢学就贾……公即稳市贾，然独喜儒，暇则阅古图书吟咏诗章；对客谈古今事类……有白乐天风"②；梁选橡"罢儒服贾江南北，用盐筴起，先垂四十年，公智识过人，诸贸迁赢拙一经筹划率奇中"③；王劼"君充县学诸生，业侵侵向成。顾君母杨老家曰，削无从供朝夕，乃弃去业商，鸿胪杨君者拥重赀淮扬间，君甥也，请君主诸务，君至杨一一为划计，诸受计者多叹服君"；④秦后渠"贾而好儒术，自恚少不意志，投身为贾，家居往来市廛辄手一编不倦，为商也善节缩，视时高下，利归公最厚"，⑤而王一鹤、王一鸿、王寻鸣一门三昆仲"俱以家窘故，不学而贾"。⑥所以三原学者温自知才说，"吾里风俗近古，人尚耕读，晚近牵牛服贾，贸易江淮"。⑦不独三原如此，他县商人亦是如此。高陵张忠轩，"初业儒……且家贫……肇牵牛车，登临巩涉淮泗，以图洗腆，身奇贾服，心潜儒林，即沐风栉雨，诗书未辍"⑧；礼泉梁

① 王尔敏：《中国近代思想史论》，台北：华文出版社1977年版，第221页。
② 温纯：《温恭毅公文集》卷十，第27—28页。
③ 来严然：《自喻堂集》卷二，第23—24页。
④ 同上书，第6—7页。
⑤ 来严然：《自喻堂集》卷一，第30—31页。
⑥ 温纯：《温恭毅公文集》卷十，第35页。
⑦ 温自知：《海印楼文集》卷三，第19页。
⑧ 吴钢：《高陵碑石》，三秦出版社1993年版，第186—187页。

玉树，"家贫年十九即舍章句业服贾于蜀……善经纪，贾日以赢"①；临潼张四科"弃时文业肆，力诗故，交结遍天下，多知名士"②；就连佳县这样的偏僻小县也是"科举时代，士多不专力诗书而兼营贸易"。③他们是构成明清陕西商帮的主体之一。对此清代著名学者顾炎武曾有过总结，他说："关中多豪杰之士，其起家商贾为权利者，大抵崇孝义，尚节概，有古君子之风。"④西北的陕西如此，以"儒风盛"的江南更是士商如蝇聚一膻。周晖在《二续金陵琐事》中记了这样一则逸闻："凤州公（王世贞）同詹东图（詹景凤）在瓦官寺中。凤州公偶云：'新安贾人见苏州文人如蝇聚一膻。'东图曰：'苏州文人见新安贾人亦如蝇聚一膻。'"⑤而商人蝇聚文人，则"家业益以丕振"；儒士以商人为经济后盾，更可以风雅而无虑，王世贞与詹景凤的对话堪为商人与文人关系的写照。可见这时期的商人与文士，已经结成了相互攀结、相互利用、各得其所的关系。

明清出现的"儒商合流"，是中国传统"商人诚信文化"发展的重要阶段。因为儒生"弃儒经商"，使"士"的一部分"脱雅入俗"，打通了前代"士商分离"的壁垒状态，增强了商业的文化含量，他们或者是用儒家诚信的伦理精神自觉规范其商业行为；或者把儒家诚信伦理作为工具理性运用于商业经营活动之中，这都使商业实践得到了理性的支持，从整体上提升了商人的文化素养和经营水平。如山东商人李代熙，原为明崇祯七年（1634）进士，官至四川巡抚，后归顺清王朝，官至刑部大夫，后辞官回家，为发展家乡经济，自己承担了全部市税，使山东周村成为中国历史上第一个"保税区"⑥。陕商温朝凤之子温纯，万历年间在扬州占籍考取一甲状元，官拜工部尚书。入仕后，关心家乡建设，主持修建北京陕西"关中会馆"，"法备赀饶"，又倡修三原清河龙桥，沟通两岸交通，惠顾乡

① 刘光蕡：《烟霞草堂文集》卷四，第26页。
② 《陕西艺文志》卷四，第31页。
③ 《神木乡土志》，第2页。
④ 顾炎武：《孝贞先生墓志铭》，载李因笃《续刻受祺堂文集》卷四，第58页。
⑤ 周晖：《二续金陵琐事》上卷，北京古籍刊行社1955年版。
⑥ 范勇：《商悟》，中央编译出版社2011年版，第167页。

党。①这种儒商结合，用晋商王文显的话说："夫商与士，异术而同心。故善商者处财货之物而修高明之行，是故虽利而不污。善士者引先王之经，而绝货利之经，是故必名而有成。故利以义制，名以清修，各守其业。天之鉴如此，则子孙必昌，身安而家肥矣。"②而徽商代言人汪道昆则更清晰地看到了这种变化，"余惟乡俗不儒则贾，卑议率左贾而右儒，与其为贾儒，宁为儒贾，贾儒则狙德也，以儒饰贾，不亦蝉蜕乎哉！"③他这里用"蝉蜕"形象地说明了中国传统商业的一个本质性变化，商业实践得到了更多儒家理论的洗礼和支撑，即是在商业实践中践履儒家伦理道德规范，促使商业活动具有与读书科举同样的尊严，同时用儒贾的价值观来统率商人的价值观，以商的身份进行儒的道德修养，培养自己的理想人格，从而有力促成了"商业诚信文化"的完善。

中国传统商业诚信文化，就其思想和伦理的主要内容而言，包括以下几个方面：

一是商业经营中的敬业精神。徽商在经营中执著，坚韧不拔。有人总结徽商成功的原因是"徽之俗，一贾不利再贾，再贾不利三贾，三贾不利犹未厌焉"，④体现了商业经营中屡败屡战而矢志不渝的敬业精神。二是"勤俭"的创业精神。《尚书》中谈到"克勤于邦，克俭于家"的儒家古训，明清商人对此奉行不渝。明人谢肇制比较徽、晋商两者的特征："新安奢而山右俭。然新安人衣食亦甚菲啬，薄糜盐齑，欣然一饱矣。"⑤顾炎武《肇域志》说："新都勤俭甲天下，故富亦甲天下……青衿士子在家闲，走长途而赴京试，则短褐至骭，芒鞋跣足，以一伞自携，而吝舆马之费。问之则皆千万金之家也。"⑥三是商业经营的诚信原则。即"以诚待人"，"以信服人"，并以此推己及人，相信"投之以桃，报之以李"的对等互换的伦理准则。这种商业中的"信用"是建立在"人性为善"的坚定

① 乾隆《三原县志》卷二。

② 《空同道人文集》卷二。

③ 汪道昆：《太涵集》卷十六。

④ 光绪《祁门倪氏族谱》卷下。

⑤ 谢肇制：《五杂俎》卷十二，上海书店出版社2001年版。

⑥ 顾炎武：《肇域志》卷二，上海古籍出版社2004年版。

信念之上，相信人与人之间的真诚之上。费孝通先生曾分析过这种"信用"原则："乡土社会的信用并不是对契约的重视，而是发生于对一种行为的规矩熟悉到不假思索的可靠性。"①四是"取予有度"的中和原则。儒商伦理的价值理念为"义利统一"，利以义制，见利思义，建立起儒家的"贵义"精神的经商伦理原则。在具体营商过程中表现为"取予有度"的"中和"原则。反映为经商中的伦理理性主义色彩。司马迁《史记·货殖列传》作了"贪贾"、"廉贾"之分。所谓"贪贾三之，廉贾五之"体现为"薄利多销"的原则。明清商人经营活动的伦理准则还有"谦和"，和气生财，讲求团体内部的人际和谐及与顾客保持和谐的人际关系。当然，这些原则还更多地停留在思想和伦理的层面，服务于商人赚钱的目的。

中国传统商人诚信文化，除了上述儒生用儒家诚信理念对传统商业和商人进行"蝉蜕"式思想和伦理的改造外，另一个创新就是商人面对明清商业领域出现的大量不正当市场行为而要求对"诚信"进行制度的规定，它反映了传统商业诚信文化已经走出思想意识层面，而向制度刚性发展的新动向，表现了中国传统商人诚信文化面对出现市场经济因素而向"制度文化"迈进的新步伐和传统商人"无商不变"与时俱进的进取精神。这主要表现在明清出现的工商会馆对"诚信"的制度安排上。

商帮是会馆的主体，会馆是商帮的办事机构和标志性建筑。明清工商会馆的主要功能就是"敬神庥、聚乡情、议商事、襄义举"，其中"议商事"的职能之一就是对商人们的市场行为进行合乎市场规则的制度安排。因为中国传统社会重农抑末的体制下，官府对商人的市场行为长期采取自由放任的态度，"官商不相交接"，官府对市场交易大环境，从维持统治秩序的要求出发，关注较多，但对日常的具体交易行为一般不予干涉，放任自流。秦汉"设肆列贩"，肆有"肆头"代官府对商人进行管束；唐宋以后，出现了"行"的行会组织，商人以行业为单位团聚在一起，叫"团行"，宋人吴自牧《梦粱录》中记载杭州的"团行"：

① 费孝通：《江村访问》，浙江人民出版社2005年版，第55页。

市肆谓之"团行"者，盖因官府回买而立此名，不以物之大小，皆置为团行，虽医卜工役，亦有差使，则与当行同也。然虽差役，如官司和雇支给钱米，反胜于民间雇倩工钱，而工役之辈，则欢乐而往也。其中亦有不当行者，如酒行、食饭行，而借此名。有名为"团"者，如城西花团、泥路青果团、后市街柑子团、浑水闸鳌团。又有名为"行"者，如官巷方梳行、销金行、冠子行、城北鱼行、城东蟹行、姜行、菱行、北猪行、候潮门外南猪行、南土北土门菜行、坝子桥鲜鱼行、横河头布行、鸡鹅行。更有名为"市"者，如炭桥药市、官巷花市、融和市南坊珠子市、修义坊肉市、城北米市。且如橘园亭书房、盐桥生帛、五间楼泉福糖蜜，及荔枝圆眼汤等物。其他工役之人，或名为"作分"者，如碾玉作、钻卷作、箆刀作、腰带作、金银打作、裹贴作、铺翠作、裱褙作、装銮作、油作、木作、砖瓦作、泥水作、石作、竹作、漆作、钉铰作、箍桶作、裁缝作、修香浇烛作、打纸作、冥器等作分。又有异名"行"者，如买卖七宝者谓之骨董行、钻珠子者名曰散儿行、做靴鞋者名双线行、开浴堂者名香水行。大抵杭城是行都之处，万物所聚，诸行百市，自和宁门权子外至观桥下，无一家不买卖者，行分最多，且言其一二，最是官巷花作，所聚奇异飞鸾走凤，七宝珠翠，首饰花朵，冠梳及锦绣罗帛，销金衣裙，描画领抹，极其工巧，前所罕有者悉皆有之。更有儿童戏耍物件，亦有上行之所，每日街市，不知货几何也。①

到明清，同地商人的行会依然存在，流寓异乡的同籍商人则设会馆对商人进行管束，会馆就是介于官府和商人之间的半官方商人管理组织。而会馆出于保护同籍商人的共同利益，维护市场交易的正常秩序，会召开"会员大会"，如陕西会馆叫"陕商大会"公议条款，对市场交易的规则进行制度安排，并刻石勒碑，公布示众。如清同治年间，旅居河南社旗镇的山陕商人，面对社旗"原初码头买卖行户原有数家，年来人烟稠密，开张买卖者二十余家，其间即有改换戥秤，大小不一，独网其利"的现实，为了整顿市场秩序，他们"合行商贾，会同集头，齐聚关帝庙"（山陕会

---

① 吴自牧：《梦粱录·团行》，浙江人民出版社2001年版。

馆）共同议定《会议戥称定规矩》，该制度规定："秤足十六两，戥依天平为则，庶乎校准均匀者，公平无私，俱各遵依，同行有和气之雅，宾主无疎戾之情。公议之后，不得暗私戥秤之更换，犯此者罚戏三台，如不遵者，举称禀官究办。惟恐日后紊乱规则，同众禀明县主蔡老爷，发批钧谕，永除大弊。"并且还对商人们的诚信市场行为作了具体规定，如：不得合外分伙计，如违者罚银五十两；不得落路会客，如违者罚银五十两；银期不得过期，如违者按生意多寡出月利；不得假冒名姓留客，如违者罚银五十两等。[①]这些规定体现了众商维护市场公正的共同意志，并制定有"违者罚银五十两"的量化惩罚条例，当时"五十两"相当于一个四品官一年的俸禄，不谓不重。还要"罚戏三台"，直到"禀官究办"，使违规者付出巨大的违规成本，很难东山再起，表明了山陕商人对市场诚信行为要求制度化规范管理的坚强决心，今日河南就将该会馆列为"南阳市诚信教育基地"。

而旅居重庆的山陕商人，面对棉花市场戥秤紊乱的现实，屡次制定规则，屡次遭到破坏，又屡次修改，表现了陕西商人推进市场制度化规范管理的坚定信念。重庆陕西会馆"三元庙"同治四年(1865)刊立的碑证记载，陕、楚两帮在渝以经营棉花为业，"由外省贩运棉花，技渝城千厮、朝天两门，凭行发售。其价固听时市高下，而秤自有一定成规。自乾隆三十六年(1771)始置针秤，以十六两成斤。迄至五十年外，货物倍多，一遇行情疲顿，买者贪贱，卖者求速，以致行户图销客货，其秤不惟不以对针为度，且额外推叫数斤，遂废旧规。是以于五十八年，请凭八省客首将推叫之斤数情愿加入秤内，比较花秤砰码，以1728两为一百，铸有铁制，以冀永远无紊"。后来由于"年久弊生，较前尤甚，故买卖争竞"，到嘉庆十四年(1810)正月，陕、楚客民"仍请八省客首选照五十六年旧规，定以对针为准，无叫无推，另铸铁制，计重120斤，分给各行，并议程规，已行数月，买卖公允"。嗣后并禀准巴县知事，示谕各行"倘行户胆敢故违，混乱不遵者，许尔各商民据实指名具禀，以

① 河南古建筑研究所：《社旗山陕会馆》，文物出版社1987年版，第234页。

凭究办，决不姑宽"。①

据此可知，从乾隆三十六年（1771）到嘉庆十四年（1809），陕帮商人不停地对棉花市场交易规则进行厘定，屡定屡废，屡废屡定，最终得到官府认可，"胆敢故违……以凭究办，决不姑宽"，这种强制制度已经达到了十分严厉的程度。

工商会馆对"诚信"的市场规则进行制度表达有非常重要的历史和理论意义。它说明，到明清，商人的诚信已经开始超越熟人社会里个人信用和个人行为的低下层次，朝着陌生社会的社会信用和社会行为迈进，表明了中国历史的进步。而且，会馆关于诚信的制度安排，一般要报官府存档并得到官府的批准，经地方官员首肯，有些是地方官员亲笔手书方能生效。说明诚信文化开始朝着经济化、法制化的更高层次发展。它是传统诚信文化表达所能达到的最高水平。

毋庸置疑，中国传统商人诚信文化，由于中国商品经济和市场经济因素发展的不充分，仍然没有摆脱个人和地域性的束缚，仍然属于一种低水平的诚信文化，它与现代诚信文化还是有着根本的区别。

现代诚信文化除了广义上诚信的一般意义外，这正是传统诚信文化与之联系和沟通的所在，而它更多地表现为经济学、法律学的范畴。它是与市场经济和货币流通紧密联系的经济范畴，它是商品生产、货币流通、市场贸易发展到一定阶段的产物。信用关系是在商品交换和货币流通的基础上产生的，反映了商品生产者之间的经济关系，因而也为商品经济和市场经济所共有。在现代市场经济条件下，诚信是指市场交易中的合法行为。国际信用评估与监督协会（ICASA）发布的诚信含义，可以作为判断是否诚信的标准。诚信是一个行为规范，是指善意地作出和履行承诺，它包括以下五个层次：（1）遵守法律、法规；（2）作出并履行合法、有效的承诺；（3）对于不合法、无效的承诺积极采取法律救济手段（如因重大误解或对方欺诈、胁迫而作出的承诺，应当积极采取法律措施）；（4）对于因意外而没有履行承诺时，积极采取补救措施；（5）善意地对待利益相关人。现代市场经济条件下所指的信用，更多地是指狭义的信用，它表

---

① 黄友良：《四川同乡会馆的社区功能》，《中华文史论坛》2002年第3期。

现的是在商品交换或其他经济活动中，交易双方所实行的以契约（合同）为基础的资金借贷、承诺、履约的行为。这里的信用关系双方即是借贷关系双方：授信人（借出方）和受信人（贷入方）。

现代市场经济下的"诚信"已经成为一个多维度指向的复杂范畴。在通常意义上，我们至少可以从三个角度来理解"信用"。（1）从伦理的角度。"信用"，它实际上是指"信守诺言"的一种道德品质。（2）从经济的角度。它实际上是指"借"和"贷"的关系。信用实际上是指"在一段限定的时间内获得一笔钱的预期"。至少包括国家、银行、企业、个人几个层次。（3）从法律的角度。从法律的角度理解"信用"，它实际上有两层含义，一是指当事人之间的一种关系，但凡"契约"规定的双方的权利和义务不是当时交割的，存在时滞，就存在信用；第二层含义是指双方当事人按照"契约"规定享有的权利和承担的义务。

而这些显然是传统商人诚信文化所难以覆盖的，也正是社会主义建立以诚信为主要内容的市场规则和道德规范所需要努力的。研究者必须对此有清晰的认知和界定。

第二节
传统商人诚信文化的基本内容

　　传统商人所讲的"诚信"，不像我们今天字面上理解的那么简单，不说假话，说话算数，古人所讲"诚信"有着比我们今天更为复杂的社会动因。

　　古代社会，法制不全，社会信用不发达，人们行事作为完全建立在个人信用的基础上，能否提供和践行个人信用，就成为人们安身立命，寄身于社会人群网络之中的基本条件，这就是人情大于王法的道理。加之，古代商业以赊欠交易为主，现货交易不发达，商业行为多是先付货，后给钱，交易行为记在流水账上，一般是随欠随清，四季小结，年三十算总账，商家称之为"四季表"。在这种交易形式下，买卖双方的诚信互动，就成为商业行为产生和发展的前提，有着极其丰富的内涵。

一　一言九鼎，言不二价

　　"诚"者，言之成事者也；信者，以言立身也。所以，古人言出必行，话如泰山，将言行统一与基本人格相联系，"君子一言，驷马难追"，话出令行，掷地有声，表现了东方人特有的真诚性格。中国古人讲究"歃血为盟"，这个血必须是鸡血，为什么不用羊血，不用牛血？那是因为，鸡是司晨之主，无论天晴下雨，总是按时报晓，从不失信，故古人以鸡为物候信物，歃血为盟就是像鸡那样守信不爽。当年，唐代大诗人元穣追求比他大11岁的名妓薛涛，薛涛几经犹豫，接受了元穣的爱情，亲自下厨，为元穣做的第一道菜就是"竹笋爆鸡"，意即希望元穣像鸡那样守信不弃，像竹那样刚直虚心。①尤其是在古代暗码交易的情况下，言不二价就成为商人诚信的基本尺度。"一诺千金"、"言不二价"就成为商人诚信行为的表征符号。

明清小说《醉醒石》中讲，徽商做生意的特点就是"做人朴实，与人说话，应允不移。与人相约巳刻，绝不到午刻，应人一百两，绝不九十九两"，②秉承了中国古老诚信的传统。

这种"一诺千金"、"言不二价"的诚信经营作风，在传统商人的商事经营中比比皆是。

南宋富商陈国瑞，为母亲选购墓地。有人帮他相中张姓老翁的一块山林。陈国瑞的儿子怕张家漫天要价，没有说明自家的真实用途，以三万钱的低价谈成定交。陈国瑞事后得知这块山林时价要值三十万钱，于是提出要补张家的差价，并向张家赔礼道歉。张家老翁以信守合同，不得反悔为由，拒绝接受陈家的补偿，双方都恪守"言不二价"的交易规则，成为古人恪守诚信的楷模。③

明清江西临川商人张世达，乾隆七八年间往汉口贸易纸张，经行户估价，将货物卖与钟良佐后，取清单与货银返乡。"与兄（世远）合算，多百金，皆曰：'此非份之财，必还之。'明年，将银皆买纸，世达带往交良佐，告以故。良佐感服。"④

江西洪江古镇有一条街巷叫"里仁巷"，旧时这里居住的都是殷实人家，传说在清代时期有一李姓江西籍富商，由于生意不济，资金周转不灵，把其中的一栋窨子屋卖给了一刘姓商人。谁知刘姓商人在整修房屋的时候，竟然在地板下发现了一坛金子，他认为这坛金子不属于自己，因为他只买下了这栋房子，契约中并没有说买下房内所有东西，人不能不劳而

---

① 张蓬舟：《薛涛诗笺》，人民文学出版社1983年版，第58页。
② 东鲁古狂生：《醉醒石》第四回，上海古籍出版社1992年版。
③ 邱绍雄：《中国商贾小说史》，北京大学出版社2004年版，第62页。
④ 同治《南昌府志》卷四九《善士》。

获，于是便派人把这坛金子送还给以前房屋的主人。但是以前的房主又把金子送了回来，说我连房屋都卖给了你，房子里面所有的东西都是你的了，那么这坛金子肯定也是属于你的。就这样，两个人各持己见，相持不下，谁都不肯要这坛金子。后来两人便找到把总大人，他建议他们把金子捐出来修桥铺路做点善事，两人一听都认为这是一个好办法，便欣然同意了。之后，把总大人为了嘉奖两人的善举和高尚的品德，便赠了他们"里仁为美"四个大字，这就是"里仁巷"的来历。①

明清小说《歧路灯》同样记载了陕西商人王中诚信的故事。老仆王中，因老主人遗言，得到主人家城南菜地二十亩为家业，后来在井池石板下掘得窖藏银两一千一百两上下，"若是气量浅小的人，在路上拾条毛巾，道边拾几文钱，尚不免喜形于色，逢人自夸造化"，而王中却说："这园子原是大老爷在日赏我的，我立意没有要主人产业的理。……我挖这银子，仍然是上下土木相连，还是主人家财帛。"于是他请别人出面替主人赎回已经出典的街面房屋，使得主人家再度复兴。他这样做，就连主人的表弟王吉隆也说："难得难得，就是咱两个表亲兄弟，我得了这银子，就要瞒你，纵然我想给你些，又怕你得了少的还想多的，只怕还告我哩。好个王中，难得难得。"②

清人王培荀在其所著《乡园忆旧录》中也记录了一位山东商人借住在一人家的空园中，见有猫入地下，夫妇俩随之发现有藏银的地窖，从该地窖挖掘出了金元宝，便全数还给主人，主人不受，便为主人置办了产业。③

"一言九鼎"、"言不二价"还表现在信守契约，勇于担当；不弃不离，信义至上。

江西大萸商人刘永庆，明末崇祯年间与同乡易明宇一起做同本生意，两人同往浙江贸易。后易明宇生病，病重之时，以妻子相托付，嘱刘永庆多加照顾。刘永庆说："你放心，这是我应尽的责任。"易明宇死后，刘永庆为其妻安置好生活，负担起赡养易明宇妻子的责任。后易明宇妻子又

---

① 傅俊波：《古韵洪江》，中国国际文艺出版社2007年版，第21页。
② 李绿园：《歧路灯》，河南中州书画社1981年版，第173页。
③ 王培荀：《乡园忆旧录》卷六，齐鲁书社1993年版。

去世。刘永庆又为易明宇的儿子成家立业，还将自己的财产和童仆分给易明宇的儿子。①

清代康熙年间，山东商人周继光，为人质朴诚实，莱阳商人左文升恪守信用，二人相交，也留下了一段"言不二价"的佳话。一次，周继光见左文升外出经商，交给左文升二百万钱，托他拿去转贩货物，说好按当时市价付二分利息。后来左文升在经商贩运中二百万钱赚了一倍的利润。见到周继光后将二百万钱赚得的银子全部交给了周继光。周继光摇手拒绝说："我们事前有约，只能按二分利息收取，多余的钱我不能要。"左文升坚持要将多赚的钱都给周继光。但周继光说："用你的钱获得的利，我怎么能私自得这笔钱。"后来周继光拗不过左文升，才将钱收下。②

山西祁县复恒当铺，有一回，由于伙计一时疏忽大意，不慎竟把一件较为贵重的狐皮大衣误为羊皮皮袄被人赎走了。事后不几天，狐皮大衣当户到期来柜上赎当时，这才发现出了差错。怎么办？事关当铺的信用问题，不可掉以轻心。于是，大掌柜亲自出面，立即组织全铺伙友，说明事由，夜以继日地核对当票，最后，如愿以偿地把这件狐皮大衣查找了回来，速归原当主。复恒当铺这种对顾主讲信用的作风，既使当户满意，又使当铺挽回了损失。更为重要的是，复恒当铺以自己的道德实践，赢得了社会信用。③

清人乐钧所著《耳食录》更记载了一则商人一言九鼎、信守承诺、催人泪下的感人故事。

有甲、乙两位山东商人相约去长沙贸易，定于某日启行，在某所相会。到时甲至而乙未来，甲候之十日不见，认为乙爽约，心里很不高兴，遂独往。三年后乙至，而此时甲已做生意发财，准备归乡，并对乙说："你怎么来得这么晚，我都准备回乡去。"乙听罢只检讨衍期之误，并对甲说："君归我亦归。"甲纳闷问其原故，乙回答："恐君道远孤行，无

①　范勇：《商悟》，中央编译出版社2011年版，第105页。
②　邱绍雄：《中国商贾小说史》，北京大学出版社2004年版，第65页。
③　张辉：《晋商谋略》，山西古籍出版社2006年版，第36页。

人陪伴，或有不测，无以为助，伴君归以赎衍期之过。"甲困惑说："你误期而来，必有收获，今方来即归，仅为陪伴我，我很过意不去。"乙固请同行，甲乃许，但心仍有疑惑，心想，有故而来迟乃人之常情，无故而即返乃情理不合，虽人生谊笃，爽约悔深，也不至于如此，这其中必有缘故。而在归途上，乙对甲金兰之情、云霞之谊甚于往昔，又感叹人生聚散之感，朋友离别之恨，使人凄然。至山东，乙距甲家尚有近百里，邀甲三日后到其家相会，两人执手歧途，怆怆言别。三日后甲往访，乙妻出见，挥泪言道："夫已殁四年，在你南行前夕，因道远隔，来不及告知。弥留之际，犹谆谆以失约于公为辞。昨晚托梦，告知你今日特至，令我以鸡黍候之。我以为你在南方，未信，今果然矣。"甲闻大哭，命其子引至乙墓前，持酒告之曰："故人故人，我今至原以为与你可以共叙前盟，不想已隔泉壤。而君不远千里，伴我同行，君与我生死情重矣！形泯情亲，千古所仅。"说完大恸，子亦踊哭，行道见之，无不陨涕。①

清代光绪年间，陕西千阳"兴隆布店"的布担子从江南贩布归渡黄河。因河水暴涨，众商竞渡，船家说："谁往河里抛百两银子，谁先过。"话音刚落，兴隆布店掌柜李永标拿出两个五十两重的银锭，对众商说："大家看好，这是一百两。"说完顺手抛进黄河里，众商折服，只好让千阳的布担子先过河，结果因抢得商机，兴隆布店当年就赚了上万两银子。②

清代陕西韩城王庄党家村商人党德佩，在河南南阳赊旗镇（今社旗县）做生意，结识了一位云南商人。两人仅仅是萍水相逢，生意伙伴，并未深交。有一次，云南商人家中有事，将八百两银子和一批名贵的江西景德镇瓷器托付于党德佩，然后仓皇归去，几十年杳无音信。党德佩一言所出，绝不反悔，便谨守朋友之托。若干年过去了，这位云南商人已淡忘其事，一次被党德佩在赊旗街中认出，执手店中，归还八百银两和所托瓷器。云南商人十分感动，仰天长啸说："居乱世而未见有如此之伟男子

① 乐钧：《耳食录》卷一《青州贾》，齐鲁书社1991年版。
② 李刚：《陕西商帮史》，西北大学出版社1997年版，第325页。

也。"意即在兵荒马乱的年月，没有见过如此诚实的人。遂提供给党德佩相当一大笔资金。党德佩用这一大笔资金归乡，盖了由124个四合院组成的陕西韩城党家大院，投资总额几乎等于清政府北洋舰队的投资，被称为"东方民居的瑰宝"。日本东京建筑学会会长松野先生见到之后，兴奋不已，竟高兴过度，死在了党家大院。①

徽商中也有这样的佳话流传。清代婺源王世勋"业茶粤东赀渐裕"，同县有胡某与他一起去广东贩茶回来，存一箱子在王世勋家中，又外出做生意，三年没有音信。后来胡某回来，见箱子原封未动，就说："里面有白金千两，为何不打开以资营运？"王世勋回答说："物非己有，岂能随便动移。"②这就是传统商人一言九鼎、忠信不移的可贵品格。

"言不二价"更表现为交易公平，童叟无欺。

清末时，山西平遥城内有一位沿街乞讨数十年的老太婆，一天突然持一张数额为一万二千两白银的日升昌张家口分号会票，到日升昌总号提取现银。值班柜头接过会票一看，签发时间是同治七年（1868），与取款时间相隔三十余年。仔细辨认，票据是真的，但一时仍不敢相信一个老乞婆能拿出如此大额会票，又三十年逾期不取。于是跑到后厅请示大掌柜，二人来到柜前问清会票来历，又查阅几十年的账簿，如数兑现了现银。原来老妇的丈夫早年在张家口做皮货生意，同治七年收拾盈余，在日升昌分号汇银一万二千两，起程回归，不料途中染病身亡，移柩回乡安葬。后家道中落，妻子沿街乞讨。一日偶然拿出丈夫生前留下的一件夹袄，无意中从衣角摸出这张会票，才到日升昌兑付现金。③

苏州孙春阳南货铺，"有持万历年间所发之券，往易货物，肆中人立付之，不稍迟疑"。④

---

① 黄德海：《变迁——一个古代村落的商业兴衰史》，人民出版社1996年版，第165页。

② 光绪《婺源县志》卷三十五《人物》。

③ 宁一：《中国商道》，地震出版社2006年版，第27页。

④ 范烟桥：《茶烟歇》，上海书店1989年版，第10页。

二　货真价实，戒欺戒诈

传统商人之所以敢于"言不二价"、"一言九鼎"，是因为有过硬的产品质量为保证，做生意讲究货真价实，不以假冒伪劣产品骗人，以诚信取得良好的市场信誉。明清中国商业史上称陕西商人为"三硬商人"，即货硬、人硬、话硬。货硬，就是优良的产品质量，货硬了自然说话底气十足，"人叫人千声不语，货叫人不语自来"，这里关键是货硬。加之传统社会，市场有限，"刻名计工"，每件产品都镌刻有制作者姓名，既是信誉担保，又是质量保证，是将产品质量与经营者的人格信用相挂钩，产品质量成为经营者人格良心的展示，体现了传统商人对消费者负责，对自己人格负责的良苦用心。明清小说《玉楼春》中记述松江绫布"绸身最重，花样新奇，与常货不同"，"价钱比杭州的多四五钱"，绫店店主就在每匹松绫"角上"打有"瓜子大一个小葫芦式的图书"[①]，这"图书"即字号标志。店家这样做的目的，是为了昭示本店商品的优质，是为了将本店名优商品与其他绫绸加以区别的标志。当然传统商人讲求货真价实，不欺不诈，也与他们所处的社会现实有关。在传统社会重农抑末的管理体制下，商人处于社会职业分层末端，无法成为独立的社会力量，使得商人只得依附于官府方能生存，这便造成部分商人人格扭曲，人性迷失，在官府索求、牙人盘剥下，正当利润得不到有效保障，只得靠以次充好，以假乱真来降低成本，取得不正当利润，使得商业经营过程中存在着大量的欺诈行为，给人们造成了"无商不奸"的不良印象。在这种被体制扭曲的市场混沌情况下，一部分诚商良贾却能保持冷峻的独立人格，不随波逐流，货真价实，诚实不欺，代表着中国商业文化的主流方向。

杭州胡庆余堂药店面对坐堂经理的《戒欺匾》，上面的文字由红顶商人胡雪岩亲自拟定。胡雪岩所以能撰就这篇《戒欺匾》，与他早年的诚信经历有关。胡雪岩13岁时放牛，在一凉亭捡到一个蓝布小包，里面有一张300两的银票和一些散碎银子。胡雪岩便将小包藏起，在那里等待失

---

① 佚名：《玉楼春》第四回，太白文字出版社2006年版。

主来寻，直到日落西山，一位外出做生意的米商失主来了，胡雪岩如数归还。这个乡下少年以诚实感动了失主，在征得胡雪岩父母的同意后，商人带胡雪岩到了杭州，胡雪岩从此走上了经商的道路。①所以，胡雪岩一生以诚信不欺为旨归，成为晚清中国商界的"红顶商人"。他挂《戒欺匾》不仅是告诫世人，也是告诫自己的。有一次，一位潮州来的香客到胡庆余堂买了一盒"胡氏辟瘟丹"，打开后面露不满神色，胡雪岩见状，立即上前审视，发现此药欠佳，再三致歉，令店员另换新药。恰巧此药当天已经售完，胡雪岩考虑顾客远道而来便留住香客，保证三天之内赶制出新药，三天后胡雪岩将新药亲自送到顾客手中，履行了自己的诺言。②

像这样诚实不欺的交易故事，在传统中国交易史上俯拾即是，到处闪烁着商人善良的人性光辉。

南北朝时，有个贫寒的读书人叫明山宾。他除了父亲留下的一头黄牛，别无他物。一年春天，正值青黄不接，家里揭不开锅，明山宾只好把牛牵到集市上去卖。他到市集上一看，人家的牛又肥又壮，自己的牛因缺草少料，显得又瘦又小。等了半天，连个问价的人都没有。天已过午，总算有了个买主。那人看这牛的骨架倒可以，又见明山宾要价不高，就把牛牵走了。明山宾也拿着钱往家走去。他刚走出集市不远，忽然想到：这头牛从前害过蹄疾，费了好大的劲才治好。如今换个新主人，不知正确使役，倘若过累或者牛棚过于潮湿，蹄疾就会复发，到那时，人家岂不等于买回一头废牛？于是，他急忙跑回去找那个买牛的人。明山宾见到那个买牛的，把情况一五一十地说了，还说了使役、饲养的方法。不料，那个买牛的却要明山宾退一部分钱，并说不然就不买这头牛了。明山宾没有争执，就退给了那个人一部分钱，然后转身走了。这件事传开来，人们都称赞明山宾的诚实品德。③

《北史》也记载了一则卖牛的典故：孟信家很穷，他侄子无奈，拉走家里的老牛到集市卖掉。孟信得知，急忙跑到集市找到买主，说明这是一

---

① 赵焰：《老徽州》第四章，安徽大学出版社2011年版。

② 吴慧：《经商智慧》，中国青年出版社1995年版，第70页。

③ 明山宾：《孝经丧礼服义》卷十五。

头病牛,不能干活劳累,发起病来不吃不喝。边介绍情况边打他侄子,埋怨他不该把病牛卖给人。并将钱如数退回买主,买主非常感激。孟信讲究的是货真,宁可自己受穷,绝不欺骗买主。[①]

卖猪也是如此。东汉时公沙穆尝养猪,有病,使人卖之于市。云:"当告买者,言病。贱取其直,不可言无病,欺人取贵价也。"卖猪人到市即售。亦不言病,其直过价。穆怪问其故,资半直追,以还买猪人。语以猪实有病,欲贱卖,不图卖者相欺,乃取贵直。买者言卖买定约,亦复辞钱不取。穆终不受钱而去。[②]

货真价实,戒欺戒诈还表现在真材实料,不以假充好,以优质产品取得良好的商信。

徽商芜湖胡开文墨店二代店主胡余德,研制出一种在水中久浸不散的名墨,在当时引起抢购风潮。一位顾客慕名购得此名墨一袋,不料在返回途中将墨袋跌落河中,捞起后墨已经开始融化。顾客即返回胡开文墨店,找胡余德讨个公道。胡余德一面道歉,一面以一袋更为名贵的"苍碧室"名墨赔偿顾客。并吩咐立即停止这种墨的生产和销售,对已经售出的产品则以高价收回,加以销毁,类似于今日之"召回制度"。[③]

安徽米商胡山在浙江嘉禾做粟行生意,适逢饥荒,米斗千钱,同行有人劝他在米中"杂以假恶",胡认为"持不可",后掺假者滞售,"群蚁聚食"而"山独免",对人语曰:"吾有生以来惟赝天理二字,五常万善莫不由之",还将商号命名为"居理堂"。[④]

南京汪天然以出售妇女用的黑绉包头著名,该黑绉包头经久不皱不变色,他的店门前招牌为"汪天然家清水包头"八个大字。汪天然在其庭院中设一大石盆内贮水,顾客均可将包头放在盆内浸透检验,以示无欺。[⑤]

这种以真材实料诚昭天下的"阳光"做法,在中国一些著名老字号中普遍存在。表现了中国传统商人"益从诚中出,利从信中来"的经营

---

① 《中国古代诚信故事》,中国少年儿童出版社2005年版,第120页。

② 同上书,第171页。

③ 宁一:《中国商道》,地震出版社2006年版,第34—35页。

④ 李维桢:《大泌山房文集》卷七十三。

⑤ 房成林:《中国商业文化史》,中国经济出版社2001年版,第275页。

理念。

北京"全聚德"烤鸭店，店主杨全仁深知"贵人吃贵物，哪问价高低"的道理，要求烤鸭用的"原鸭"必须是最好的填鸭，便宜鸭、残鸭绝不允许上桌。为了确保原鸭质量，他还专门办了一个填鸭坊叫"鸭局子"，收购优等嫩鸭，由雇佣的填鸭能手精心饲养，并规定非使鸭子达到一定的重量标准不能宰杀。他们规定，鸭子由蛋孵到宰杀，不能超过百日。因为填养时间太短，烤出的鸭子不够分量；时间太长，烤出的鸭子不够鲜嫩。这种取一分则短，留一分则长的严格质量要求，保证了烤出的鸭子鲜脆可口，香味扑鼻。为了保证"原鸭原味"，他们在卖鸭时专门设有卖鸭子的"卖头"，每当客人上座，卖头就手提大、中、小三只鸭子，请客人当堂自选，并将选好的鸭子用毛笔做一个记号，以防中途调换，叫"点鸭"，然后交烤鸭师傅现宰现烤。每每使顾客称心如愿。[①]

北京东来顺羊肉店，店主丁子清深知食品买卖贵在"鲜活"二字，为了保证羊肉鲜嫩，他每年从羊店买来成批羔羊，自办牧场交雇工精心饲养，到冬季草低羊肥的营业旺季，再行宰杀，选取最好的部位送饭店做涮肉的优等原料，使其涮肉质量比别家高出一筹。[②]

北京"六必居"酱园，老板是山西临汾西渡村赵家兄弟，明代嘉靖年间到北京创设酱园，他们深知"店好仍须货好"的道理，在保证原料质量上下工夫，酱菜的材质必须来自名产地，譬如：制酱用的黄豆必是河北马驹桥（现北京通州）所产，皮薄色黄；面粉由京西涞水县特磨制成，伏地难收；长辛店李恩家白皮六瓣鲜蒜，起泥带水；广安门外"王萝卜"又脆又嫩；永安门"八道黑"香瓜，适时摘取；广安门外韩文亮家青莴笋，量允一斤；安定门花园秋黄瓜，顶花带刺；海惠寺五寸小萝卜，红中透白；丰台围墙青扁豆，颜呈绿色。六必居按质论价，非它不选。从根本上保证了酱菜质量的优异。他们制成的"伏酱"成为京都一绝、京味特产，有位南方文人品尝后，印象极深，写下了一首《忆京都》称赞不绝，其诗曰："忆京都，调和鼎鼐功，色味酿成能变化，黑醋白酱不从同。不似此间调

---

① 李刚：《中国著名老字号经营秘诀》，陕西人民出版社1992年版，第3页。

② 同上书，第12页。

味剂，但觉酸醋而已矣。"①

北京同仁堂乐家老铺，创于1669年，名列旧中国"四大名药店"之首，素以工制丸散膏丹著称于世。五百余年来恪守"品味虽贵，必不敢减物力；炮制虽繁，必不敢省人工"的祖训，严格选料，精心制作。每年祁州药市开市，他们优先选购，非上等货不选，下角货绝不入药，每年仅从祁州进货一次不下20万元之巨。对名特药材实行产地专购，如人参、鹿茸由营口药市定点供应，麝香由河南"杜盛兴"专号采办，南药由"通济元"专买，蜂蜜则由专门蜜行精酿，形成对优质药材的垄断采购。②

杭州胡庆余堂药店，生产名药"紫雪丹"，最后一道工序古方要求不能用铜铁锅熬制，以免化学反应，胡雪岩请来工匠，特制了一套银锅金铲，一只金铲重135克，银锅重1835克，有效地保证了药品的药力纯正。至今这银锅金铲还保留在胡庆余堂药店的博物馆里，见证着传统商人的诚信。③

山西太谷广益远药店，制作名贵中成药龟苓膏、定坤丹，参非"高丽"、"老山"不选，茸非"黄毛"、"青茸"不用，故信誉著于市场，药品上只要见"广益远"三字，买主就信得过。④

安徽徽屯老街"同德仁"是制售中药材的百年老店，为保证药材货真价实，维护商号声名信誉，店主每年专派经验丰富的老职工前往名贵药材原产地收购原料。在加工炮制方面，更是遵守操作程序，严格把关，从不马虎。如在炮制特色名药"百补全鹿丸"时，该店每临秋末冬初都要举行"虔修仙鹿"仪式，即在抬鹿披彩游街之后，让众人现场监督鹿丸制作的全过程。⑤

货真价实、不欺不诈还表现在敢于杜绝交易中的欺诈行为，不使劣种流传，侵害他人，表现了传统商人很高的社会意识。

---

① 李刚：《中国著名老字号经营秘诀》，陕西人民出版社1992年版，第82—83页。
② 同上书，第87页。
③ 同上书，第96页。
④ 同上书，第72页。
⑤ 同上书，第58页。

南宋商人陶四斋，开染坊度日，一次花四百万钱购进一批紫草染料，后发现是被蒸煮过的坏草假货。有人说要帮他将这批紫草转销给不识货的小染坊。陶四斋认为，己所不欲，勿施于人，宁肯把四百万钱的紫草一把火烧光，也不愿将损失转嫁给他人，表现了传统商人的诚实节操。①

清代休宁商人吴鹏翔，做胡椒生意，与人签约买进了800斛胡椒，进货后发现胡椒有毒，原卖主畏事情败露，央求吴氏退回原货，终止契约。而吴鹏翔却不惜成本，将这批有毒的胡椒全部焚毁，以防原主"他售而害人"。②

杭州雷允上药店，是与北京同仁堂、杭州胡庆余堂、汉口叶开泰齐名的旧中国"四大药店"之一。有一年，雷允上六世族人雷滋潘在上海开一家药铺，经营不善濒临破产，雷允上当时的掌柜叫雷理清，念其为族人，将他的药铺全部盘进，后来发现该店所存的丸、散、药材都是质次劣品。雷理清认为宁可将这批次货弃之，也不能让其再去毒害他人。便把盘进的全部药材装上船敲锣打鼓地倒入吴淞口外大海，这一举动轰动了沪上，使大家更加确信雷允上药品货真价实。③

温州"百好"炼乳厂老板吴百亨是个有血性的男儿，当他们生产的"擒鹰"牌炼乳畅销全国时，英商"鹰牌"炼乳为了从根本上打击中国民族企业，派亚士德洋行购买了一千箱"擒鹰"炼乳，故意搁置霉变后，运往福州以百好厂的名义销售。面对这一恶性竞争态势，吴百亨认为"人无信不立，厂无诚不兴"，不能让这批假货流入民间，毒害中国民众，毅然派营业部主任亲自赴福州，花了二万元巨资，把这批变质产品买回，当众倾入福州港。一个百人小厂，如此敢作敢为，民众闻讯，为之叹服。④

山西榆次常家历来把诚信作为自己品德的表现和经商的本色。早在常威经营"常布铺"小店时经销当时颇具盛名的"榆次大布"，有一次进货不慎，进回了一批"解州布"，质量较榆次大布稍差，常威立即标明产地，降价销售，既不让消费者吃亏，又不让榆次大布声誉受损。⑤

① 施德操：《北窗炙车景录》卷上。
② 嘉庆《体宁县志》卷一五《人物·乡善》。
③ 李刚：《中国著名老字号经营秘诀》，陕西人民出版社1992年版，第103页。
④ 同上书，第71页。
⑤ 李春风：《明清时期晋商的公关艺术》，见《能源基地建设》1999年第2期。

晋商乔致庸也有这样的佳话流传。有一年，乔家复字号复盛油坊从包头运大批胡麻油往山西销售，经手店员为贪厚利，竟在油中掺假，被掌柜发现后，告诉乔致庸。乔当即命掌柜连夜贴出告示，遍贴全城，说明油中掺假情况，并通告凡是近期在乔家店中购买胡麻油的顾客，都可以去店里全额退回银子，以示赔罪之意。尚未卖出的胡麻油立即责令全部换装，以纯净好油运出。这次胡麻油事件，虽商号蒙受不少损失，但却表现了乔家货真不欺，信誉昭著，大家称乔致庸为"亮财东"，[①]"亮"，就是明亮、做事正大光明的意思。

三　忠厚为本，以义求财

忠厚为人，诚实待客是传统商人的基本道德。陕西旬邑著名富商唐景星卧室的墙上就高悬着"质本天成"的匾额，而陕西党家大院的门额上就鲜亮地镌刻着"忠厚"二字，陕西大荔富商李敬的巨大墓道中，迎门就刻有"忠"、"孝"二字，到处浸染着传统商人忠厚为本的价值追求。[②]

这些言论都极大地观照着传统商人，使他们在商业经营中崇尚厚道，忠义经商，将人间的忠信情义演义得光彩照人。

明清小说《卖油郎独占花魁》中的秦重，就是忠厚经商。连妓院的九妈都知道"有个秦卖油，做生意甚是厚重，遂吩咐秦重道：'我家每日要油用，你肯挑来时，与你做个主顾。'秦重道：'承妈妈作录，不敢有误。'"第二天秦重如约而至，"九妈往外一张，见是秦卖油，笑道：'好厚道人！果然不失信。'便叫他挑担进来，称了一瓶，约有5斤多重，公道还钱，秦重并不争论。王九妈甚是欢喜，道：'这瓶油只够我家两日用。但隔一日，你便送来，我不往别处去买了。'"[③]秦重忠厚经商，不仅赢得了客户，也赢得了爱情，终于打动

---

①　吴慧：《经商智慧》，中国青年出版社1995年版，第70页。

②　李刚：《陕西商帮十讲》，陕西人民教育出版社2008年版，第87页。

③　冯梦龙：《醒世恒言》卷三，陕西人民出版社1985年版。

了花魁娘子的芳心。

明代浙商蔡磷，吴县人。重诺责，敦风义。有同乡蔡勉以千金寄之，不立券。亡何，其人亡。蔡召其子至，告知此事，并偿还所寄之金，其子愕然不受，曰："嘻！无立券，此事吾父未尝语我也。"蔡笑曰："券在心，不在纸，尔翁知我，故不语郎君。"卒挥而致之。①好一个"券在心，不在纸"，说明传统商人把忠义看得比契约更重，把信义看得比金钱为上，一个"尔翁知我"把传统商人之间的情义刻画得重如泰山，使后人莫不为之感动。

清代婺源人詹谷在崇明岛替江湾某业主主持商务，时值业主年老归家，詹谷克难排险，苦心经营，终获厚利，然而却不存半点私心。其后业主之子来到崇明岛接摊承业，詹谷将历年出入账簿尽数交还，有鉴于他"涓滴无私"，当地人无不叹服他的忠诚和正直。无独有偶，另一位清代婺源商人毕周通曾接受邻村故旧王某的存银六十两。王某死后，"人无知者"。但是毕周通却专门设立一个账本，记录下存银的年月及利息数。几年过后，王某之子长大成人，毕周通便拿出原账簿，将王某的存款连本带利一并奉还，闻者无不叹服。②还有清代婺源商人程焕铨曾受番禺友人张鉴之托，替他管领"宗人运盐二万有奇往海南"。等到海南时，张鉴已死，宗人想乘机瓜分船上货物，程焕铨力争不可，坚持将船上货物完璧归赵交还给了张鉴之子。③

清代婺源茶商汪琴在广东贩茶，同邑茶商叶甲其时也在广东做茶生意。然而叶甲茶未售出，人暴病而亡。汪琴与叶甲并不认识，但了解原委后，立即出面为叶甲打理后事，代其将茶叶售出，并将全部茶款给他家汇回去，④表现了忠义援手的诚信精神。

清代婺源商人汪源茂曾有一位朋友，以汪氏的名义将数百两银子存在一家店中生息。后朋友暴卒，店伙未悉其中原委，将银子本息交给了汪

---

① 徐珂：《清稗类钞·教信类》，中华书局1984年版。
② 光绪《婺源县志》卷三四。
③ 民国《歙县志》卷八《人物·孝友》。
④ 同治《黟县三志》卷七《人物志》。

源茂。但汪源茂不肯受，召来了朋友之子，将银两悉数还之。该县还有一位商人詹谷，曾在崇明替人经营一家店肆。该店主人亦系徽州人，后因年老归家，暂将店务全盘托付给詹谷。当时正值太平天国革命时期，交通阻梗，主人一去竟十年不返。待战乱结束后，主人之子来到崇明店中，詹谷立即将有关历年经营赢利的账册交给主人之子，涓滴无私。常言说"患难见真情"，①正是在患难中传统商人的忠义情深才显得光彩照人，垂范后世。

清代苏州商人金汝鼎，有一客商将一笔白银寄存在他那里。其人后来客死他乡，此人没有儿子。只有一个女儿已经嫁人。金汝鼎几经周折找到这位商人的家，再寻到他的女婿住处，将银全数交还。②

江西石城商人吴大栋，父母死时，留有债务未偿还。十几年后，吴大栋从广东经商回来，稍有积余，就带着财物往寻债主。这时，债主早已去世，借贷也无文字凭证，其家人亦不知此事，吴大栋仍然反复说明原委，连本带息还了这笔债务。③南昌雷可权，"有徽商朱衣远服贾饶州，回家时存千金于可权处，逾年而殁，家人不知也。（可权）乃访其子而归之"。④

明清晋商中这样的感人故事也不少。山西介休县商人范永斗，就是由于"与辽左通货财，久著信义"，而受到清政府的垂青，后来当上了皇商，并由此获得厚利。其孙范毓馪也颇重义气，康熙时官办铜铅有王某亏银83万两，既死，无法还，范毓馪代王某"按期如数赔偿"。清代泽州商人王文字"贸易保定府完县，与葛东岗友善，东岗有子未立，惧其毁败，阴以白金800两付文字，不令子知。东岗死，文字督其子，俾其成立，将东岗所遗金还之"。⑤

这种忠厚为本、以义求财，在明清的陕商中也留下了许多动人的故事。陕西大荔商人李振业，家贫父贩负为生，童时随父灌园贩粟，常与一

① 民国《歙县志》卷八《人物·孝友》。
② 《中国商人》1994年第2期。
③ 张海鹏等：《中国十大商帮》，黄山书社1993年版，第400页。
④ 同治《临川县志》卷四六《善士》。
⑤ 雍正《泽州府志》卷三十七。

友贩枣于四川，分息时总是少取其息，有鲍叔牙之风。①陕西韩城商人苏含章从小在凉州做生意，有朝邑赵某爱其忠厚，苏与之订盟交，赵每还家便邀含章俱往，连家事都听取含章的意见，一世情同手足。②泾阳商人张魁与同乡李扶荆共同经商于兰州，两人相友善，结生死之交。扶荆卒遗两子无所归，托孤于张魁，魁抚之如己子，并将自己的两个女儿嫁给他们，帮其成家立业，成为陕西商界佳话。③长安商人张克量，经营有方，兰州人曹佐爱其忠义，求为伙计，两人经商数年，获得成功。户县商人南炳武在康定与人合伙经营"德泰和"茶庄，见同村一少年，自小失孤，无以为生，便将其收为义子，延师教学，后送入"德泰和"学徒，还为其娶妻成家，在陕西商界传为佳话。④

明嘉靖年间，歙县商人黄英宣，"师计然之策，商隐江湖，能任人趋时，入什一之利以自给，平生不设机智。抑利巧以网利"。有一次，邻居有难，"求具其门带其券"，上门求救还带着借据，黄没有乘人之危，而是欣然拿出钱来，并当面撕毁了借据。⑤

清代婺源商人查奎在广东做生意，"族有业茶于粤东者"生意不顺，被行户亏折，资金无法周转陷入困境，查奎立即以一千五百金贷之，助他渡过难关。⑥

休宁商人王可钦，其伯父在广东做质铺生意，适逢兵乱，典守者趁机卷巨资而逃，王可欣千里迢迢前往料理。以自己的资金清理故物，使之解困。⑦都体现了传统商人勇于担当的忠义精神。

这种忠义求财，以义取利更有极端的例子。清代汾阳人崔崇屿，"以卖丝业，往来张垣、云中等地，一岁折阅十余金，其主人偶有怨言，崔恚愤，以刃自剖其腹，肠出数寸，气垂绝，曰：'吾拙于贸易致亏主人资，

---

① 乾隆《朝邑县志》卷二《风俗》。

② 乾隆《韩城县志》卷四《孝友》。

③ 民国《兰州府志》卷二。

④ 光绪《户县志》卷二《人物》。

⑤ 张海鹏：《明清徽商资料选编》，黄山书社1985年版，第913页。

⑥ 光绪《婺源县志》卷六。

⑦ 同上书卷三十四。

我实有愧，故不欲生。'"①这种贷本经商、剖腹还债的事例只有在古代才会发生。这是忠义精神对传统商人教化的悲情结局，也折射了人性的善良。

陕西渭南县商人周立本，在陕西蒲城县做粟行，因经营不善，亏本破产。将孩子送人，妻子饿毙，自己奄奄一息，拖着病体，将妻子的尸体拖入坟墓，自己钻进去睡在其旁，等死。因无人封掩墓口，遂在墓旁放有两车镰刀，在车上插有招贴，上书："人不欠我，我不欠人。有葬我者，以镰刀赠之。"这就是古人的诚信，生不欠账，死不还钱，临死将欠账还完，再死。其诚实守信，让我们不得不肃然起敬。②

难能可贵的是，传统商人的忠义情怀，亦感染后辈，形成家风和风气，说明忠厚经商，诚实为人是传统商人一脉相承的优良传统。清代歙县商人唐祁，其父曾向某人借贷过银钱，后来债主诡称债券丢失，前来讨债，唐祁表态说债券虽无，但家父借贷之事属实，于是如数还清了债款。不久，别人持那位债主诡称丢失的债券又来索讨，唐祁对此有故意设计圈套来讹诈骗取钱财之嫌疑的行径心知肚明，但出于守信兑诺的贾道商德方面考虑，依然认可那债券是真的，为此又支付了一次债款。扬州徽商吴时英，其掌计假借吴的名义向别人借钱一万六千缗，没有归还。这件事本与吴没有直接的信用关系，但吴还是将这笔钱还了，他认为："人信吾名也，吾党因而为樍，而吾从樍乘之，其曲在我，是曰陪德。"③清人沈思孝在《晋录》中总结晋商的优良传统是"平阳泽潞富商大贾甲天下，非数十万不称富。其居室之法善也，其人以行止相高，其合伙而商者，名曰伙计。一人出本，众伙共而商之，虽不誓而无私减。祖父或以子母息丐贷于人而道亡，贷者业舍之数十年，子孙生而有知，更焦劳强作以还其贷。则他大有积聚者。争欲得斯人，以为伙计，谓其不忘死肯背生也"。④在明清以来的商业经营中，商人的忠义精神各地多有发生，多有传颂，所以才在明清以来的文学作品中得到了有力的反映。明清以来的小说、笔记有大量商人忠义求财的故事，为我们留下了感人的资料。

---

① 咸丰《汾阳县志》卷十。

② 光绪《渭南县志》卷二《风俗》。

③ 汪道昆：《太涵集》，黄山书社1985年版，第281页。

④ 转引自[日]寺田隆信《山西商人研究》，山西人民出版社1986年版，第254页。

明人归正宁静子所著《详刑公案》卷一记载了一位江西商人的忠厚心怀：辰州府卢溪县富民鲁稷，家有余赀出贷，贫之穷甚无偿者，辄不苦勒。临终之时，批帖盈匣，嘱诫二子曰："我一生放债，批帖在此间。有得本而未得利者，有得半本者，有全未得者，簿载明白。累年未结，是皆悯其贫而不勒者也。倘后有负心者，自送来还，利有不足，亦将原帖还之；不来还者，置之不可逼取，以贻后悔。"二子唯唯听命。及父终，不改父道，兢兢谨守嘱言。这种小本商人的"临终嘱言"和其子"不改父道"，是中国传统商人贩夫贩妇宅心仁厚、善良不欺人格的真实写照。①

河内人薛金章，早年家贫，朋友何宽，"饼师也，畜三十金，知薛诚朴，与作贸迁资，二人皆目不知书，薛善积，获利日赢，何时瓜分焉"。后来，何宽病故，薛金章非常悲痛，回去把经商积累的金银拿来"置之几案，拜且哭，众起视，则白金千，积年出纳清册一，咸大惊异"，莫不为薛金章的忠厚善良所打动。②

明人牛肃《纪闻》中记录了一个商贾吴保安的故事。宋元时期，商人吴保安与同乡郭仲翔金兰之好。不幸仲翔陷落敌营，元人允许赎之，人三百匹绢。保安得知，决心赎救仲翔。乃倾其家，得二百匹，数犹未至，为凑够匹数，前往隽州经商十年不归。保安家贫困，妻子犹在遂州，为赎朋友，与家人相绝，虽得尺布升米，皆渐而积之。后妻子冻馁，不能自立，乃率弱子驾驴往泸南投奔保安，于途中粮尽，哭于道旁。恰逢姚州都督杨安居乘驿赴郡，见保安妻哭，异而问之，妻曰："吾夫吴保安，家居遂州，以友人没蕃，丐而往赎，闻居姚州，弃妾母子，十年不通音讯，妾今贫苦，往寻保安，粮乏路长，是以悲凄。"安居大奇之，谓曰："我在前面驿站，等候夫人，济其所乏。"待其到后，敷保安妻数千，给乘驴前行。并连夜赶回姚州，见到吴保安，执手升堂，谓吴保安曰："吾常读古人书，见古人行事，不谓今日亲睹于公。何等情深义重，为赎友朋，捐弃亲室，抛弃妻子，今始信乎！"这就是古代商人的诚信。为了一个"诚"字，可以倾其家室，捐弃妻子，十年不归，闪烁着生命的人性光辉，令今

---

① 归正宁静子：《详刑公案》卷一，南闽潭邑艺林刘氏太华刊行。

② 道光《河内县志》卷四。

人肃然起敬。①

四 临财不苟，见利思义

在中国古代社会，商人以中小商人为主，他们坐肆列贩，小本经商，朝兴夕败，顺逆不定。在追求财富的道路上，或遇不义之财，常常对他们的人性和生命质量是严峻的考验。而在明清社会史里我们却看到了大量关于传统商人临财不苟、助人为乐的记载和描写。

清顺治三年（1646），陕西商人崔维荞经商山东，行至河南在旅店拾得白银三百两，维荞守之累日，遗金人至，原来是山西商人朱应孚买布之资，验实还之。朱以五十两为报，维荞笑曰："分你五十两银子，我何苦在这里等你数日呢！"②

《夷坚志》中记载：商人韩沐在荆山开客店，一位旅客离店后，遗忘在店里一个布包，内装贵重之物。待客人回来找时，韩沐当即奉还。客人查点丝毫不少便取出五两白银以表谢意，韩坚决不要，表现出重信不爱财的高尚商德。③

山西临县人王子深，以开客店为生。一次，"有客商住宿后遗金一袋，王收金待客，后客商啼还，王验证给之，客商以分其半，拒之，客商叩恩而去"。④

《警世通言》之《吕大郎还金完骨肉》中做棉花布匹生意的小商贩吕玉，在生意亏本且身体有病之际捡到二百两银子，他效法"古人见金不取，拾带崇还"的义举，设法归还失主。他的这一善行不仅使他躲过了各种各样的风险与灾难，而且还使他找到了失散多年的儿子。"自此益修善行，家道日隆"。⑤

清人李修行所撰小说《梦中缘》第十回，写商人吴瑞生逃难时拾到

---

① 邱绍雄：《中国商贾小说史》，北京大学出版社2004年版，第204页。

② 温纯：《温恭毅公文集》卷十一。

③ 洪迈：《夷坚志》卷一，中华书局1991年出版。

④ 万历《汾阳县志》卷十二。

⑤ 冯梦龙：《警世通言》卷五，人民文学出版社1995年版。

一布袋银子，这本是平民心理对于幸运的企盼，紧接着有赋咏叹，将商人拾金后的复杂心态描绘得具体生动："位居兑方，根生艮土。质必经火炼而成，文必赖铅和而就。尔之灵可以通神，尔之力可以造数。人得尔而神色滋荣，人失尔而形容枯瘦。东西南北之人，皆为尔而营营；贫富贵贱之人，咸为尔而碌碌。然人虽享尔之荣，亦或受尔之误。是以邓通恋尔而败亡，郭况贫尔而诛戮。鄙夫因尔而丧节，贫士为尔而取辱。所以旷远之人，能遇尔而不取；廉洁之士，能却尔而弗顾。守尔者鄙之为奴，沾尔者恶之为臭。而虽能动斯世之垂涎，亦安能起斯人之羡慕！"一个"旷远之人，能遇尔而不取；廉洁之士，能却尔而弗顾"，将商人临财不苟的节操表现得栩栩如生。[①]

《清稗类钞》中记载有一则商人途中拾金不昧的故事，并将商人拾金后的心理活动记录得真实可鉴。光绪朝，吴人某甲习商于上海租界某洋货肆，主人嘉其诚，信任之。端午前数日，使携小革囊收款南市，晨出至日中，得银币千八百余元，匆匆饮于十六铺茶楼，归而失其囊，仓促莫省所失地。主人疑其诈，皆申申詈，且谓不立返者，必送之官。甲百口莫能辩，遂大哭。有浦东人某乙者，亦习贾租界中，方失志懊丧。是将渡浦归，与甲差一二分时，同过十六铺，登楼茗饮，适见有囊遗于案，取而启视之，则巨金也，既惊且喜，旋又自忖曰："此累累者，吾若取以归，宁不足疗吾贫，且半生温饱有余矣。顾物各有主，彼或以是金故，丧名誉而殒身命，于吾心奚安！贫富，命也。吾今既见之，宜尽吾责，坐待其主者来，得归乃已耳。"于时亭午，座客仅八九可数，遍视颜色，无一似失金者，乃忍饥坐，目炯炯注人丛中，卒无得。至夕照横江，疏灯点水，楼中人尽鸟兽散，甲面色慢白。随二人仓皇至，盖甲几费唇舌，其主人始牵率以出也。乙察其真，笑迎之曰："子岂失金囊者乎？吾望子久矣。"言已，以革囊示之。甲感激涕零，不知所以谢，且告之曰："非子，余今晚欲自缢。"既相叙姓名，甲以五之一为酬，不可；则十之一，又不可；则百之一，乙峻拒勿受。乃曰："然则饮乎？"乙仍坚辞。[②]"此累累者，吾若取以归，宁不足疗吾贫，且半生温饱有余矣"，"丧名誉而陨

① 李修行：《梦中缘》第十回，有益堂刊本。

② 徐珂：《清稗类钞·廉俭类》，中华书局1984年版。

身命，于吾心奚安"将商人拾金后的心理波动记述得真实贴切，最终正义战胜私心，"宜尽吾责，坐待其主者来"，并且将商人"乃忍饥坐，目炯炯注人丛中"等待失主的善良刻画得真切感人，尤其是结尾"乙仍坚辞"更表现了商人的高风亮节。

南宋王清明《摭青杂说》中记载了一位茶肆主人拾金不昧的故事，也将过程描写得真实动人。有李姓商客在京师樊楼旁的小茶肆，丢失黄金一袋，觉得已没有失而复得的可能，便没有再去寻找。三四年后，这位李姓客人又来到这个茶馆，不抱任何希望地对茶馆老板说起自己三四年前在这里遗失东西的事情，谁知茶馆老板对此记得清清楚楚，让客人喜出望外："李曰：'某三四年前，曾在盛肆吃茶，遗下一包金子。是时以相知拉去，不曾拜禀。'主人徐思之曰：'客人彼时着毛衫在里边坐乎？'李曰：'然。'又曰：'前同坐者着皂皮袄乎？'李曰：'然。'主人曰：'此物是小人收得。彼时亦随背后赶来送还，而官人行速，于稠人众中不可辨认，遂为收取。意官人明日必来取，某不曾打开，觉得甚重，想是黄白之物也，官人但说的块数秤两同，及领去。'李曰：'果收得，吾当与你中分。'主人笑而不答。茶肆上有一小棚楼，主人捧小梯登楼。李遂至楼上，见其中收得人所遗失之物，如伞屦衣服器皿之类甚多，各有标题，曰某年某月某日某色人所遗下者。僧道妇人，则曰僧道妇人；某杂色人，则曰某人似商贾，似官员，似秀才，似公吏。不知者，则曰不知其人。就楼角寻得一个小包袱，封记如故，上标曰：某年月日一官人所遗下，遂相引下楼，集众再问李块数秤两。李记若干块，若干两。主人开之，与李所言相符，即举以付李。李分一半与之。主人曰：'官人想亦读书，何不知人如此？义利之分，古人所重，小人若重利轻义，则逆而不告，官人将如何？又不可以官法相加，所以然者，常恐有愧于心故耳。'李既知其不受，但愧怍不严，加礼逊谢，请上樊楼饮酒，亦坚辞不往。时茶肆中五十余人，皆以手加额，拍手称赞。"①

而明清小说《施泽润滩阙逆友》中将小商贩施复拾银后为人着想的

---

① 邱绍雄：《中国商贾小说史》，北京大学出版社2004年版，第66页。

心态描写得细腻可信。主人公施复生活在苏州府，平素做生意小本经营，斤斤计较，有人来买丝，把上等好银子付给他时，施复"摸出等子来准一准，还觉轻些，又争添一二分"。此时的施复对银子是分毫必争、锱铢必较。卖丝途中，拾得六两二钱银子。他寻思："这银两若是富人掉的，譬如牯牛身上拔根毫毛，打甚么紧，落的将来受用。若是客商的，他抛妻弃子，宿水餐风，辛勤挣来之物，今失落了，好不烦恼。如若有本钱的，他这账生意扯直，也还不在心上。倘然是个小经纪，只有这些本银，或是与我一般样苦挣过日，或卖了绸，或脱了丝，这两锭银乃是养命之根，不争失了，就如绝了咽喉之气，一家良善，没甚过活，互相埋怨，必致舍身卖子。倘是个执性的，气恼不过，肮脏送了性命，也未可知。不如还了他去，得到安乐。"一个"还了他去，得到安乐"。将一个小商人与人为善、为他人着想的细致善良描写得栩栩如生，"当下夫妇二人，不以拾银为喜，反以还银为安"。他临财不苟，主动将银还给失主朱恩。后来施复去洞庭湖购买桑叶遇到困难，朱恩尽力相助，帮施复渡过了难关。①

嘉庆《徽州府志》更记载了一则徽商见利思义、解人危难的真实故事。有粤商在广东贩珍珠到京城倒卖，路经婺源丹阳乡。所雇担夫对粤商不满，欲向官府告发其贩珠瞒税之事。粤商得知后，慌忙中秘密将珍珠寄存在丹阳乡下榻的旅店店主汪源处，外出躲避官府追捕。后事情平息。粤商心想，仓促寄银，没有凭证，又被诉于官，店主会承认吗？一边懊恼，一边向芙蓉五岭走，刚到岭前，就看见那位店主在松荫下等候。粤商惊奇，店主曰："我将你寄存的物件带来了，封识还是原样。"粤商很感激，意将珍珠与汪源平分，汪源说："我若是贪此珍珠，还送来干什么！"坚持全数退还。由于这一件感人的故事，后来人们称丹阳乡为"还珠里"。②

传统商人的忠厚为本、仁义经商还表现在扶贫济困，助人为乐，不图回报，表现了市井小儿的高风节操。

明人《云溪友议》记载了一则感人的故事。读书人李义琛"少孤贫，

① 冯梦龙：《警世恒言》，陕西人民出版社1985年版，第43页。
② 嘉庆《徽州府志·拾遗》。

无复生业，与再从弟义琰，三从弟上德同居，事从姑，定省如亲焉。武德中，俱进士。共有一驴，赴京，次潼关。大雨，投逆旅，主人鄙其贫，辞以客多，不纳"。"进退无所舍，徙倚门旁。"然而天无绝人之路，恰好"有咸阳客商见而引之"。这些商客同情、尊重、帮助贫穷的文人学士，"此三人游学者，今无所止，奈何睹其狼狈？""乃引与同寐处。"不但为落魄书生出旅馆费用，与他们"同寐处"，又制止他们卖驴酬谢，并且"资以道粮"，可谓一而再，再而三，品德何等高尚！而当书生们中举为官后对其报答时，"琰既擢第，历任咸阳，召客商，与之抗礼"，"客商不复识，但悚惧而退"。"琰语其由，乃悟。"这些帮助过李义琰兄弟的商人已经"不复识"李义琰兄弟，说明他们做了好事、帮助了别人却并没有施恩图报的想法，十分难得。①

江西临川商人张世远、张世达兄弟二人交替往汉口贩卖纸张，一次，张世达从汉口卖纸回来，和世远一算纸价，发现货主多给了100两银子，因为是老主顾，所以世达当时没有点钱。兄弟俩商量后认为：此是非分之财，应该还给货主。下一趟本该张世远去汉口，但为这件事，仍由世达去。张世达将货主多给的100两银子全买了纸，携往汉口，找到货主仲良佐说明原委，仲良佐又感动又佩服。

清代婺源商人潘明铎，有一次在上海遇到一个愁眉不展姓方的商人，因一大批茶叶无法脱手，正一筹莫展，走投无路欲投黄浦江自尽。潘知道后，按市价买下他的全部茶叶，放到仓库中存放，后来伺机卖掉茶叶，将所得减去事先付出的银两，还盈余五万两，全部交给了方姓商人。②

下面一则徽商的故事，将传统商人忠厚不二、急人所难的上善品质表现得细腻感人。婺源商人余钧"弱冠挟重赀贾粤"，同船的一位客商不幸在途中将资金丢失，急得要跳水轻生。余钧竭力挽救，打酒劝慰。并悄悄将自己的银子放在床下，然后对客商说："你丢的银子不是在这里吗！"客商惊喜之中，不辨真伪，将余钧的钱放在自己包中。后来，船上的人偷

① 邱绍雄：《中国商贾小说史》，北京大学出版社2004年版，第26页。
② 《中国商人》1994年第2期。

了客商的钱分赃不均，争吵相殴，客商才知道是余钧帮了自己。①

三原商人第五君，"就贾于四川富县，为典商……有土人雷万顺者素称忠厚，日捡煤灰渣为聊生，君经与之旧衣资本营息，先后二年，获利百八十余金。忽无耗，又七年倏来三千四百金献君，经问所由，曰别来赴盐井执盐业，此乃百八十余所获利也，要全数酬还第五君，第五君仅得其半"。②

传统商人救危扶贫，助人为乐的仁厚之举，另一方面则表现为知恩图报，遇助感恩的知性情怀，反映了传统商人良好的诚信互动。清人宣鼎《夜雨秋灯录》记载了一段动人的故事：

晋人李某，在京师佐典商，岁入俸钱三百缗。有同乡赵甲者，与相识，无事业，谋欲设杂货肆而无资。商于李，慨然以百金付之，曰："姑以此试，得意后，与吾合业可也。"一言为约，并无文券，无人知。未几，李以疾卒，典主呼其子来，扶榇而返。适赵甲置货他出，归后，知李已卒，为位哭奠。由是兴旺，不十年，业隆数万。李子家中落，衣食不充，适有人入都者，相伴至旧典主处，往求之，谅可录用。赵闻李子来，欣然款接，曰："我因尔父，得有今日。我觅子久矣，奈无音耗；今日来投，若有神使。"纳为主帐，而不议劳金。李子安于初学，亦不计较，尽心竭力，随同营运。赵见其辛勤刻苦，出入无私，顾而乐之，曰："子已弱冠，能自成家，应议婚娶，为嗣续计。"李子曰："侄依伯父为生，尚无进益，何敢娶妇自取累乎？"赵曰："姑缓亦是。但尔既为主帐，应将我所有总计之，现存若干。"李子唯唯。数日查毕，现资并货物，合计六万余。赵曰："与剖之，我与子应得其半。"李子骇曰："伯父何出戏言？侄在此数年，伯父周给衣食，感无既矣。矧在小郎之列，本不应得劳金，纵伯父怜而恤之，不过年例数十贯钱而已，何若是之多耶？敬辞。"赵笑曰："子无却也，我自有法。"乃设盛宴，邀其荐主及乡里长者咸集，李子亦在座。三杯后，赵谓众曰："某昔落魄京师，人皆明白。李故友虽与我素交，并无瓜葛。一言之下，慨然助以百金，不立契券，是

① 吴克明：《徽商精神》，中国科学技术大学出版社2005年版，第145页。
② 乾隆《三原县志》卷二。

诚信我也。我由此起家,而李兄已逝。当时有与我合群之说,既有此语,获利理应均分。我初晤李侄时,本欲表白,恐少不更事,入手挥霍去也。今见其勤俭,能自经营,我何敢负李兄于地下乎?"乃出李子所开单目,曰:"请诸公作主匀分。"众顾李子曰:"赵伯世所难得,君有福哉!"李子曰:"诸公且止,听我一言。赵伯所云,并无凭证,是欲为义士耳。侄虽年幼,亦不敢取非义财。即亡父果存百千钱,以远年债,一本一利,取二百贯足矣。多即非义,何敢自污?"赵笑而入,命群仆以三万数百金出,曰:"今日交清,卸吾重肩,唯子所欲。"李子取其百金而出,追之,遁矣。①

清人石成金所著《通天乐》第六种也记载了一个商人感恩的故事:

扬州南门骡行内有个孙汉公,为人最至诚,又最信实。远近各省闻名,多往他家作寓。有一湖广少年沈客,主仆二人,贩许多川货到孙老家投卖。那时正值川货缺乏,随发各处,未几都卖完,大有利息,本利共有三百余金。沈客大喜,正想回去,忽然传说荆州汉口一带,流贼作乱,某将军现今征剿,水陆路俱不平稳。沈客惊慌,对孙老说道:"流贼猖狂,若收绸缎去,或带银去,可不是自投虎口。意欲把银留在尊府,轻身从旱路赶回,倘路上安静,然后来置货贩去,以为何如?"孙老道:"尊意甚当。但银留舍下,小弟到担一倍干系,须要速去速来方好。"遂把银两秤兑二百两,包封交与孙老。其余剩银带做盘费。孙老置酒送行。

不一日已到故乡地方安堵。原来贼船虽曾到汉口,只在沿江劫掠,未尝侵逼城池,这传信都虚。沈客欢喜不尽,正要设措银两,买些本地货物往扬州贩卖。不意面上发出五六个疮来,仙丹难治,归于大梦。

这孙老守候几月,想道:"莫不其家果有变乱,羁绊不来?"光阴迅速,倏忽一年。孙老想道:"银钱是流通之物,何不动银代置货物,翻出些利息与他,不枉一番知交。"遂动银买货营运,本利约有加倍。后来,有沈客小儿来投,孙老将各年账簿,自己通算,竟用过五百余两。利银比本银,加倍有余。选日备办酒席,请亲族邻里。酒过数巡,即叫小使捧出十五本账簿,一个算盘,

① 宣鼎:《夜雨秋灯录》第三集卷二,岳麓书社1985年版。

乃坐下对众道，十五年前，沈客如何贩货卖银，因路阻如何寄银的话。说完，又道："但此银本是沈客自己留寄，非是我见财起意可比。自今本利算明，加倍销除，更无牵挂了。我自己的家业，再浪费不起。此后望贤郎情谅。"①

传统商人仁中取利的经营思想还表现为敢于仗义执言，忠厚其主，不取身外之财。大荔商人赵第魁，家贫，在四川为人做伙计，见东家有冤狱，第魁激于义，帮其打官司，申雪冤狱，主感其恩，欲将店赐之，第魁旋即辞归，并对主人说："我帮你打官司是出于道义，路见不平罢了，如果取你家财，我成何人。"表现了对主人的忠心肝胆。②

礼泉商人梁玉树，家贫，十九就下四川做生意，在一熊氏开的店铺中当伙计。由于颐性勤俭，能耐劳苦，善经纪，帮助人赚了不少钱。熊氏感其甚，欲帮其买官入仕，玉树对主人说，"我初弃儒而学贾你处，仅为养家罢了，如今你要帮我买官，'毋乃自戾'，非我初意"，谢而归乡。③

陕西商人孙某在绍兴张元公开张的阊门布行为伙计，姓诚谨而勤，所经算无不利市三倍，三五年中，为张致家资十万。屡乞归家，张坚留不许，孙怒曰："假如我死，亦不放我归乎？"张笑曰："果死，必亲送君归，三四千里，我不辞劳。"又一年，孙果病笃，张至床前问身后事，曰："我家在陕西长安县钟楼之旁，有二子在家。如念我前情，可将我灵柩寄归付之。"随即气绝。张大哭，深悔从前苦留之虐。又自念十万家资皆出渠帮助之力，何可食言不送？乃具赙仪千金，亲送棺至长安。叩其门开，长子出见。告以尊翁病故原委，为之泣下，而其子夷然，既无哀容，亦不易服，张骇绝无言。少顷，其母持大斧出，劈棺骂曰："业已到家，何必装痴作态！"死者大笑，掀棺而起，向张拜谢曰："君真古人也，送我归，死不食言。"张问："何作此狡狯？"曰："我不死，君肯放我归乎？且车马劳顿，不如卧棺中之安逸耳。"张曰："君病既愈，盍再同往苏州？"曰："君命中财止十万，我虽再来，不能有所增益。"④

---

① 石成金：《通天乐》第六种，雍正年间石成金家是刻本影印本。
② 乾隆《朝邑县志》卷二。
③ 光绪《礼泉县志》卷二。
④ 袁枚：《子不语》卷十四，广西师范大学出版社2005年版。

五 以人为本，驽而不贪

在讲求趋利的商品世界里，诚信绝不仅仅是善良仁义，助人为乐，诚信的世俗最高原则是"每个人在追求自身利益的同时，不妨碍他人的利益"，即自己有钱赚，也得让别人有饭吃，这才是真正的社会公正和社会理性。与西方资本主义对剩余利用价值像狼一样贪欲，将人间的一切都沉浸在利己主义的冰水之中社会现实不同的是，中国传统商人对利润有自己独到的理解，对逐利的职业目标有一种无法超越的中世纪温情，更注重处理逐利过程中协调人与人之间的关系，将经商逐利与生命本善相联系，使商业经营处处闪烁着人性的光芒。

山陕商人有一篇有名的《省份箴》，充分表现了中国传统商人对生活、对世界、对生命本体的哲学思考，展示了中国传统商人丰富的内心世界，这种对生活游刃有余的超脱心态，不知要比西方商人的冷酷理性高明多少倍。该《省份箴》这样写道：

> 久晦昼明，乾动坤静。物秉乎性，人贱乎命。贵贱贤愚，寿夭衰盛。谅夫自然，冥数潜定。葱生数寸，松高百尺。水润火炎，轮曲辕轴。或金或锡，或玉或石。茶苦芥甘，乌黔鹭白，体不可移。揠苗则猝，续凫乃悲。巢者冓穴，诈者宁驰。竹柏寒茂，桐柳秋衰。健美勿用，止足尚可。处安顺时，右路长昌。①

徽商程春宇《士商类要》也倡导"致中和"之道，认为"人过者，满则必倾，执中者，平而且稳"，指出"凡人存心处世，务在中和。不可因势凌人，因财压人，因能侮人，因仇害人。倘遇势穷财尽，祸害临身，四面皆仇敌矣。惟能处势益谦，处财益宽，处能益逊，处仇益德。若然，不独怀人以德，足为保身保家之良策也"。②

这些认知，充分表露了中国传统商人道法自然，止足尚可，驽而不贪

---

① 王先明：《晋中大院》，生活·读书·新知三联书店2002年版，第76页。
② 罗仑、范金民：《清抄本〈生意世事初阶〉述略》，《文献》1990年第2期。

的人生观和价值观以及儒家"中庸之道"对中国传统商人的灵魂洗礼。它使中国传统商人能够形成"知足不贪"的价值诉求，其在本质上是强调人与人、人与自然的和谐相处，说明中国传统商人对世界、对人生的认知和理解，远比西方利己学说高明而深刻。

无独有偶，明代河南与江苏沈（百万）万三、山西"亢百万"齐名的巨商康百万，在自己的庄园中也留下了一篇《留余匾》，与山陕商人的《省份箴》一样，道出了中国传统商人共同的心曲：

> 留耕道人《四留铭》云："留有余不尽之巧以还造化，留有余不尽之禄以还朝廷，留有余不尽之利还百姓，留有余不尽之钱以还子孙。"盖造物忌盈，事太尽，未有不贻后悔者。高景逸所云："临事让人一步，自有余地；临事放宽一分，自有余味。"推之，凡事皆然。坦园老伯以"留余"二字颜其堂，盖取留耕道人之铭，以示其子孙者。为题数语，并取夏峰先生训其诸子之词以括之曰："若辈知昌家之道乎？留余忌尽而已。"[1]

这是中国传统商人对"满则虚"、"盈则亏"生活辩证法的深层次理解，也是中国传统商人以人为本"利润观"的坦然表露，表现了传统商人已经懂得"爱别人就是爱自己"的以人为本深层哲学思维。

明清的陕西商人做生意弩而不贪，表现出很高的经营理性。陕西是中国道教的发祥之地，道教的"戒贪"、"无为"对陕商有很深刻的教化。陕西周至县赵大村中华正财神赵公明故里的财神殿有一副楹联表达了陕西商人的仁义知足理念："生财有大道，则拳拳服膺，仁也是，义也是，富哉言乎至足矣；君子无所争，故源源而来，孰与之，天与之，神之格思如是夫。"所以，弩而不贪，见好就收，让利双赢，讲求人与自然、人与人的和谐相处就是陕西商人的常胜法则。长安杜陵商人张通，曾为陕西商人的通行领袖，"关中言贾者皆出公之下"，然"公情惮厚利，而仅取足，曰'苟可以给日用，则生道所关，如是而已，夫何以厚为哉'"。[2]西安商

---

① 陈义初：《康百万庄园兴盛四百年的奥妙》，河南人民出版社2007年版，第45页。

② 李刚：《陕西商帮十讲》，陕西人民教育出版社2008年版，第87页。

人冯伦，"素爱蓄产而家或不丰，于是以所有易马贷之，即能裕用不乏，已而复自笑曰：'财取足用而已，役之于此，不亦苦乎，亦弃业不为'"。[①]蒲城商人雷太初，成化年间，边疆用兵，官府给金购籴宽限，以召商人。人争趋之，唯太初不领其金。众人都说："值高限远，奇货可居也，奈何不敢？"公笑而不答。第二年官府征籴以稔故，加倍征粮并命输边关，领官款者"死徙者殆百家"，而唯雷恪守其业。[②]三原商人王�在扬州业盐守候之盐，有人行疏通法，贿赂官府，提前支取，名曰"超挚"。有人拉王勚入伙，王谢而不往，众人皆讥笑王"不听众言而失厚利"，王勚曰："吾不得鱼，幸有吾全，若视吾全在否，不恶不得鱼"，即我不获不义之利，才得保全，若我不保全，又怎能获长久之利。不久凡超挚者均被以"乱法"治处，王勚反而获得大利。这些都表现了陕西商人驽而不贪、和谐生财的经营作风。[③]

以人为本，驽而不贪，在商业实践就表现为"吃亏是福，和气生财"。

在江西洪江古镇陈荣信商行有一"吃亏是福"的壁联，上书"满者损之机，亏者盈之渐。损于己则利于彼，外得人情之平，内得我心之安，即平且安，福即在是矣"。据考这一"吃亏是福"是由清代扬州著名书法家郑板桥所作。郑板桥原有一位远亲郑煊在洪江经商。有一次郑煊外出做生意，将自己所有的钱全部押在了一船货物上，谁知船行至半道的时候，却遇到了河道搁浅，一耽搁就是两个月，时间就是金钱，货价狂跌，即使整船货物在当地卖出去也是血本无归，于是他很沮丧。哪知道就在他绝望之时，汛期来临，当他的货物运至目的地时货物供不应求，价格暴涨，于是他不但没有亏反而还大赚了一笔。回到家之后，他便将这一惊一喜的事情告诉了郑板桥，郑板桥听后便大笔一挥写下"吃亏是福"的勉词送给了他。郑煊从题词中体会出经商和人生的哲理，便把它作为家训传了下来，并刻在窨子屋的高墙壁上以示后人。[④]

驽而不贪，吃亏是福，还表现在见利思义、不发意外横财上。清代休

① 李刚：《陕西商帮十讲》，陕西人民教育出版社2008年版，第87页。
② 温纯：《温恭毅公文集》卷十一。
③ 同上书，卷十三。
④ 傅俊波：《古韵洪江》，中国国际文艺出版社2007年版，第21页。

宁县有一位商人刘淮，曾在嘉兴、湖州等地购囤粮食，某年当地遇灾荒，有人为刘淮庆幸，劝他"乘时获利"，狠狠赚上一笔银两。但刘淮却说："如此做法，怎比得上让这里的百姓度过灾年，重新复苏呢？这才是大利啊。"结果，刘淮将囤积的粮食全部"减价以粜"，同时还命人煮粥免费提供。①

婺源商人程锡庚"尚在广东贷千金回婺源贩茶"，但在返乡途中，适逢大灾害，百姓流离失所，他顾不得做生意，"一路贷金给难民，至饶州资尽。遇负逋妻者，犹资助慰留"。②

明代徽商程神保经商于闽，一次"闽人市蓝靛者误多五十担"，身边的人都认为神保要发大财了，程神保却认为这种不义之财不能得，为人"安可欺也"，立即"呼其人还之"。③

休宁商人吴田，家有粮米积蓄，在灾年他告知乡人，自己有米可以告急。有人劝他说，等到百姓最缺米的时候再卖可以得高价，他说幸灾乐祸"天人不与"，"尽发仓廪平价出之"。自己则甘于贫困，居十多年，折节为俭"赀不及中人"。④

休宁商人吴鹏翔，在汉阳做米粮生意，汉阳民遭灾荒，吴正好有数万石粮米运抵汉阳，按时价，可以获利数倍，吴"悉减价平售"。⑤

休宁商人程锁中年经商于溧水，某年大丰收，谷物上市，诸贾人尽量压价收购，程锁却"平价囤积之"，第二年大饥，一些粮商又拼命抬高谷价出售，可程锁售谷却"价如往年平"。⑥

清代安徽婺源商人詹元甲，在外出经商时结交了当地太守陈其崧。其年当地大灾，严重缺粮，太守陈其崧出府库银20余万两，委托詹元甲去外地采办粮食。既至，旅店主人告诉他："此地买米，例有抽息，自数百两至千万两，息之数视金之数。今君挟巨资，可得数千金。此故例，无伤

①《休宁碎事》。
② 光绪《婺源县志》卷三十三《人物》。
③ 李维桢：《大泌山房文集》卷七十三《程神保传》。
④ 汪道昆：《太涵集》卷六十二。
⑤ 嘉庆《休宁县志》卷五十一。
⑥ 汪道昆：《太函副墨》卷四。

廉"。詹元甲毫不心动，说："今饥鸿载途，嗷嗷待哺，予取一钱，彼即少一勺，瘠人肥己，吾不忍为。"①这些都表现出传统商人很高的经营理性和"予取一钱，彼即少一勺，瘠人肥己，吾不忍为"、"幸灾乐祸，天人不与"的善良心怀。

六　宅心仁厚，和气生财

和气生财更是中国传统商人的基本生财之道。有一首《劝做买卖》的"醒世词"将商人的"和气生财"理念表现得淋漓尽致："买卖发财是什么？见人时一团和气，迎面笑呵呵，张口叫哥哥，装烟倒茶要热和；若逢赐顾买货，急忙躬身拿过。贴实讲价莫旷多，见得方可出脱，休要钻牛角。"②旧时顾客有限，生意难做，一般商店都设有"走街"和"望客"的学徒负责招揽和接待顾客。民国时期在浙江建德梅城镇有一家小小的"泰源"布店，生意做得出奇的好。原因是老板是个生意通，他见自己的布店地处农村，农家赴镇买货常常早出晚归，耽误饭时，就做出一个奇特的规定：凡是远路来的顾客，中午来可在店铺吃午饭，晚上来吃晚饭，还可以在店里住宿，一宿两餐，下雨二宿五餐，一切免费，分文不取。远近的顾客都到他的布店买货。生意三年间增长了一千倍。③

而和气生财在明清之际的山陕商人中表现得最为明显，以下主要以他们进行论证。

"和气生财"是陕西商人开拓市场的基本信条。明清时期的陕西商人是农民进城经商，黄土地的中和、平稳自然特性对陕西商人影响很大。因此，陕西商人做生意很注重以和为贵，以和气生财作为处理外部经济关系的基本信条，树立"质本仁义"的市场形象，取得了五百年经营的成功。明清时期在康定做生意的陕西商人所以取得五百年垄断经营的局面，就是因为"陕商能与藏羌等少数民族友好相处，他们非常重视民族平等与团结

---

① 光绪《婺源县志》卷三十四《人物·义行》。
② 李刚：《陕西商帮十讲》，陕西人民教育出版社2008年版，第215页。
③ 李刚：《中国著名老字号经营秘诀》，陕西人民出版社1992年版，第97页。

友好，善于向藏族同胞虚心学习，尊重少数民族的风俗习惯，与当地藏族通婚，成家定居，从而与藏族打成一片"。正如当时流传的一首藏族民歌所唱的那样："山上住的是藏族，山下住的是汉人，虽然住处各是各，每天生活在一起。"①在四川成都经商的陕西商人很注重社会公益事业，取得当地民众的信任。陕商董修福"游食四川……修桥铺路、建庙、济荒，川陕人莫不以善称。四川江油县雁门场清水河，施渡船只，船敝又置浮桥，今犹赖之"。②陕商李迁佐"适蜀，重庆饥，倾囊数千金赐之。成都三义庙灾，火延数千家……，阴使人每人予之金"。③陕商马居正"在成都捐义地数十亩，以葬客在无归者……捐钱千金修梓潼桥"。④

市场是商人的发财场，顾客是商人们的衣食父母，所以，好语暖客，笑脸开店是商业经营的生财之道。从黄土地走出来的陕西商人很懂得"人无笑脸莫开店"的道理，注重服务态度，讲究服务质量。富平商人刘邦祯在荆州开当铺生意"每贷钱总让银五两，不为多取，受世人称颂"，⑤以此争得了回头客。米脂布商刘喻义，在湖北贩布赊于各店家，每次收款都是饭食相待，感谢乡人惠顾，从未发生欠款的事项。⑥

"以和为贵"是陕西商人整合内部关系的基本准则。人心齐，泰山移；人际合，钱财多。企业内部和谐的人际关系，形成结合生产力，是企业经营成功的基础。对此受儒家和谐思想教化的陕西商人心领神会，在处理企业内部关系上强调"以和为贵"，化解内部矛盾，使企业保持旺盛的发展势头。

陕西商人是农民转化为商人，以中小资本为主，为解决资本存量不足的矛盾，他们将农业生产中自发的互助合作关系延伸到商业经营领域，一开始就创造了以"合伙制"为特色的"合伙股份制"企业组织模式。合伙

---

① 徐祖波：《明清陕西商人在打箭炉的贸易活动探微》，《康定民族师范学校学报》2009年第1期。

② 道光《大荔县志》卷十二。

③ 光绪《三原县新志》卷六。

④ 同上。

⑤ 光绪《富平县志》卷二《人物》。

⑥ 光绪《米脂县志》卷四《人物》。

制的核心是"和",即建立在利益趋同基础上的合作共同体,他们称之为"砖头瓦碴,凑成一搭"。典型如陕西富平巨商李月峰,利用开中制政策提供的机遇,以一家之力供应延绥镇柳树涧堡1084名战士、378匹战马的粮草所需,粮食动辄千百石,自家力有不逮,便联合同乡石道村米家和刘家共同输粟边地,换引成商,被称为富平西北乡"三大富户"[1],这便是山陕商人"合伙制"的最初起源。

在合伙制下,为调动非资本投入掌柜们的经营积极性,陕西商人又本着"以和为贵"的经营理念,为掌柜在企业内部"计名开股",使掌柜以人力资本作为投资占有一定份额的股份,其他伙计也视对企业的贡献而赐予股份,叫"份子伙计",这就从利益上根本解决了企业内部的利益和谐问题,使掌柜、伙计效死为企业卖命。而东家对掌柜更是简政放权,信任有加。如渭南板桥富商常锦春,在四川开办"义兴珍"字号,聘请岐山人马朝贵为掌柜。常锦春不仅为马朝贵在企业开股,在家乡盖房置地,每次"账期"马朝贵返陕汇报业务,常锦春都带领鼓乐到十里外的渭河滩迎接,还亲自为马朝贵牵马坠镫,夸耀乡里。[2]陕西泾阳社树富商姚文清,在四川雅安和康定开办"天增公"茶庄,聘请同村人高四爷为掌柜。有一年康定总号遭火灾,雅安分号遭土匪抢掠,高四爷坐守仓库,保全货物,结果总号被焚,仓库无恙。总号因债款到期,要吃官事,要高四爷汇款,高四爷对东家回复说,"我为保全货物,性命险丢,你为债款去坐牢也是应该",分文不兑。结果姚文清不仅没有责备高四爷,反而信任有加[3],充分表现了对掌柜的信任。

在企业内部经营上,陕商更注重用乡情亲缘关系来调和内部关系。在他们看来,乡情亲缘关系是一种无形的财富,它可以产生企业内在的凝聚力,使同乡死心塌地地为企业服务,成为企业的软实力。因此,陕商商号多使用乡党,甘肃的国药商号多用韩城人,形成"韩城帮";康定的茶庄多使用户县牛东人,形成"牛东帮";湖北的布庄多用长安人,形成"长

① 李因笃:《受祺堂集》卷四,第37页。
② 李刚:《陕西商人研究》,陕西人民出版社2006年版,第276页。
③ 姚文清:《社树姚家经营天增公情况》(手稿)。

安帮"。渭南信义镇焦家在四川办"万盛号",见同村焦承武在一李姓处帮贸,便"念系同宗,将承武携入号内为伙。承武从李氏号中带过银两八百两,寄存生息",①壮大了企业实力。这种"以和为贵"的经商理念,形成企业内部良好的人际氛围。清朝末年,四川匪乱,板桥常家的"义兴珍"伙计将店内银子分散携带,各自逃走。数月后自动齐聚常家老宅,献上银两。东家说:"兵荒马乱之际,你们用银度日吧!"伙计们说:"你家的银子,我们要它干什么!"②这是企业和谐人际关系最好的写照。

"和衷共济"是陕西商人联合创业的思想法宝。明清时期的陕西商人是旅外行商,他们远离故土,寄籍客乡,借地求财,常受到本土商人的欺辱和官府的侵扰。为了捍卫自身的利益,争取商业经营利润的最大化,陕西商人以"和衷共济"为旗帜,组成商帮,修建会馆作为拓展事业的根据地,实现了在更大范围内的联合,使"天下会馆数陕西"成为那时中国商界的一个突出亮点。陕西商人修建会馆的动机就是和衷共济。四川自贡《西秦会馆关圣帝庙碑记》对此有明晰说明:"客子天涯,辰稀星散,情联桑梓,地据名胜。剪棘荆茅,邃壮丹名,隆摸绛阙,则又怀睦亲以敦本,于礼协,于情安⋯⋯(从而使)三秦客友,运榷黔滇,运檣万般,出没于穷渍窎淼之内,福海安流。"③而洛阳山陕会馆由西安、同州两府布商共同捐资的《山陕会馆关帝仪仗记》将陕西商人修建会馆,共同推进事业发展的意图讲得更明白,"帝君之忠义神武是以震浮起靡⋯⋯以风示商,便熙熙攘攘竟刀锥子母者,日夕旅于帝之旁,庶其触目警心,不至见利忘义,角张而尚狙诈也。然吾实北之燕赵,东游齐鲁,南之吴楚之交,凡通都剧邑商贾辐辏之区,莫不有帝君庙,秦晋所聚集会馆尤多,其只事帝君尤勤,以至究其所以事之意,不过借物以为救眉之具至义为利之说"。④而苏州《新修陕西会馆记》更将这种陕西商人和衷共济的需求说得声情并茂,"余惟会馆之设,所以联乡谊,敦信义也。吾乡幅员之广,几半天下,微论秦陇以西,判若两省,即河渭之间,村墟鳞栉。平时有不相浃洽

① 樊增祥:《樊山公牍》卷二。

② 李刚:《陕西商人研究》,陕西人民出版社2006年版,第274页。

③ 郭广岚:《西秦会馆》,重庆出版社2006年版,第140页。

④ 洛阳山陕会馆:《山陕会馆关帝仪仗记》碑原抄件。

者，一旦遇于旅邸，乡音方语，一时蔼然而入于耳，嗜好性情，不约而同于心。加以岁时伏腊，临之以神明，重之以香火，樽酒篝铺，欢呼把臂，异乡骨肉，所报不忘耳……（今修会馆，是为了）天假之缘，乘兴为东南之旅，尚愿与吾乡人士，班荆故道，访缔造之艰难，联任恤之淳诣，相勖相劝，期天替前修焉"。①所以他们才在全国修了有据可查和实物遗存的274所山陕会馆，成为在全国修建会馆最多的商帮。

更为难能可贵的是，明清时期的陕西商人，为了克服"苦于朋比无多"的不足，与徽商展开竞争，又以"和衷共济"为旗帜，成功地联合了山西商人，迅速壮大了自己的实力，成为中国明清时期的十大商帮中唯一的联省商帮。并且，在明清中国商界这两大商帮以"和衷共济"为思想武器，携手联合了五百年而没有分开，创造了人类商业史上少有的佳话。对于这种"和衷共济"的思想基础，《汉口山陕会馆志》"志序"有极好的说明："山陕古秦晋姻好之国也。地近而人亲，客远而国亲。适百里者见乡人而喜，适千里者，见国人而喜，适异域者见之国人而亦喜……秦晋人于汉上益亲其会而有馆也。"②而在《劝乐输文》中又更具体地说修建山陕会馆是为了"所以联两省之乡情，动四方之瞻礼……典重神明之祀，明困者秋报春祈，地点吴楚之冲，云集者志同道合。会张盘敦，上国增辉，谊冶汾榆他乡得主法至善也"。③读此我们才能解释他们五百年携手联合的思想根源。

互利互惠，笃而不贪更是传统商人诚信经营的最终价值追求。

明清的晋商也是如此。清光绪时，有一年在东北地区突然刮起了一股挤兑风，言传山西巨商乔（乔致庸）家和渠（渠本翘）家两家的票号兑取现金，乔、渠两家财东一时难以应付。因为东北地区是太古曹（曹三喜）家的发迹之地，商业根基牢固，所以当挤兑之风袭来时，曹家的钱帖子仍然信誉甚好。此时，乔、渠二财东只好亲赴太古曹家求援。按一般惯例，曹家完全可以坐视不管，毫不费力就可以把乔、渠两家从东北挤出去。而

① 苏州历史博物馆：《明清苏州工商业碑刻集》，江苏人民出版社1981年版，第331—332页。

② 《汉口山陕会馆志》，光绪敬义堂刻本，第1页。

③ 同上书，第7页。

曹家财东却慷慨应允了乔、渠两家的请求，公开宣布所有曹家各票号、银号均可代乔、渠两家的钱帖子兑付现金。这样，挤兑风潮才平息下来，乔、渠两家在曹家的帮助下终于渡过了难关。之后，在东北市场，乔、渠两家处处谦让曹家，三家互相联手，商业都得到了长足的发展。

民国年间，有一天，在包头"复盛全"的后院里，乔财东双手扶起了一位老泪纵横的人。这个人名叫杨志五，是包头"双盛会"、"双盛茂"的东家。他的商号经营不善，赔了钱，蚀了本，无力偿还拖欠"复盛全"的六万两白银，只好上门向乔财东哭诉苦衷。乔财东对他的遭遇十分同情，竟当面答应将欠款一笔勾销，杨志五感激涕零，立即伏地磕头。于是，"一头清欠六万两"的故事就在包头城流传开了。乔家乐善好施，急公好义的名声越来越响，生意自然更加红火了。①

清代的豫商也是如此。河南的康百万在西安府开设经营棉布和棉花的栈房，站稳脚跟后，立即派人到耀县、富平、三原、泾阳等县收购棉花。他们在泾阳的一家旅店住下来，棉花商贩老板商量收购事宜，言明棉花暂时存放在旅店里，待收购结束，运走棉花后再结算店钱。棉农闻风而动，前来卖棉花的人排成长队，而当地的几家棉花行则是门可罗雀。

当地一家棉花行的老掌柜联合其他几家棉花行，逼迫旅店老板掌柜催促棉花行的人员马上将棉花运走。康家人员把棉花打包，运到泾河码头，船老大被官府缉捕了，棉花堆积到沿河旷野里，再去找马车装载时，整个脚行没人敢接这批货了。

那几家棉花行都在瞪眼看笑话，并放出风来，只要康家棉花行低价售棉，他们愿意全部收购。在西安的消息还没过来之前，棉花堆放在泾河岸边，运不走，无库存，人忍饥挨饿，风餐露宿。

年关到了，康家的主事人康佳作出决定，棉花收购价格一文钱不能降，宁肯把花推到水中流走，也不能使棉农和旅店老板受损失。在一个月黑风高的晚上康家将所购棉花一把火烧成了灰烬。②

清代的苏商也是如此。李钰，广陵江阳人也。世居城市，贩粟为业。

---

① 宁一：《中国商道》，地震出版社2006年版，第34—35页。

② 陈义初：《康百万庄园兴盛四百年的奥妙》，河南人民出版社2007年版，第176页。

而钰性端谨，异于常辈。年十五，随父贩粟。父适他行，以钰专其事。人有购之，钰即授之以升斗，俾令自量，不计时之贵贱，一斗只求两文利，以资父母。岁月既深，衣物甚丰。父怪而问之，具以实对。父曰："吾之所业，同流者众，无不用出入升斗，出轻入重，以窥厚利，虽官司以春秋较推，然终莫断其弊。吾早悟之，但一升斗，出入皆用之，自以为无偏久矣，汝今更出入任之自量，吾不可及也。然衣食丰给，岂非神明之助也？"后父母去世，及钰年八十余，不改其业。[1]

中国传统商人这种诚信经营的美德，表现了东方商人的人生机智和成熟老辣的人生价值取向，它比西方商人追求价值无限增值的浅表层次要深刻得多。所以，清末游历了欧洲各国归来后的文人薛福成，在其所著《庸庵海外文集》中，对中国商人与西方商人的区别有深刻总结：

中国地大物阜，迥异诸国，前此善通有无者，有徽商，有晋商，有秦商，皆以忠实为体，此颇能创树规模，相檀不变者数世。[2]

---

① 邱绍雄：《中国商贾小说史》，北京大学出版社2004年版，第26页。
② 薛福成：《庸庵海外文集》卷二。

第四章
中国传统商人诚信文化的特点

传统商人的诚信，还表现在忠厚为本，立信立德，将商业经营行为与做人的道德节操相联系，逐渐上升到对生命本体的认识，将冷酷的商业交易变成了有情有义的生命情感互动流程，表现了东方商人很高的生命意识。

第一节
中国传统商人诚信文化的互动性

在中国传统文化中，诚信的指向性是不同的。"诚"主要指向个人的内省，即个人道德的修养和生命质量的提升。"信"则指向与他人暨外部环境的关系，是"诚"的外在表现形式。因此，诚信本身就有一个互动性的问题，本身就是大家互相遵守的行为规则和道德操守。即是说，诚信绝不是商人单方面提供的信用，不是商人单方面承诺的某种预期，而是商人与社会人群相互之间提供的信用和预期，这不仅包括商人与商人之间的信用，也包括商人与顾客、顾客与商人以及商人与其他社会人群之间的信用。只有这种社会成员之间诚信的互动性，才形成了诚信的普世性原则，使它像一条红线得以贯穿于中国商业发展的历史长河中。中国人所讲的"投之以木桃，报之以琼瑶"、"来而不往非礼也"、"受人滴水之恩，当以涌泉相报"就是对这种诚信互动性最好的表达。

传统商人的诚信，还表现在忠厚为本，立信立德，将商业经营行为与做人的道德节操相联系，逐渐上升到对生命本体的认识，将冷酷的商业交易变成了有情有义的生命情感互动流程，表现了东方商人很高的生命意识。

传统商人助人为乐的仁厚之举，还表现为商人之间知恩图报，遇助感恩的知性情怀，反映了传统商人良好的诚信互动。浙江姜益大棉布店创建于清同治六年（1867），是龙游一家著名的百年老店。当家人以诚信来奠定自己的商业人格，在这方面有一个故事，在龙游流传甚广。有一次，"姜益大"从宁波一个布庄购进三百筒"石门布"，价值达六万。当这批布从杭州水运至龙游官驿前码头时，被抢劫一空。由于这批货尚未验收，"姜益大"不必承担任何责任。想不到姜益大棉布店的店主却谢绝赔偿，还取出六万元的银票交给对方派来的商谈赔偿事宜的伙计，表示再购买石门布三百筒。伙计把这消息带回海宁，布庄主人感激之余，表示今后必将全力扶持"姜益大"，以报其恩。不多日，海宁布庄的三百筒石门布及其他一批新产品由伙计押送运抵龙游。石门布和那些新产品都是当时的抢手货，十分好卖，而对方认准这类货在龙游之由"姜益大"独家经营，有心回报"姜益大"，使之获取最大的收益。[①]

山西著名的榆次常家天亨玉商号掌柜王盛林，在东家发生破产还债，需要抽回天亨玉商号资本时，他向其相与大盛魁商号借银三四万两，让东家将资本全部抽走。天亨玉在毫无资本的情况下，全赖借款支撑，未倒闭，改组为天亨永（有永久坚持之意），照常营业，这全凭王盛林的个人信用。1929年，大盛魁发生危机时，王掌柜得知后，便派人送去2万银元。大盛魁相与认为此款无法归还，坚决拒收。王正色道："假如20年前，没有大盛魁相与的维持，天亨玉早完了，哪里还有今天的天亨永呢！"从这个故事中，可以看到晋商相与之间信义之交、患难与共的真情。[②]

著名的票号经营家李宏龄，经营票号业40余年，先后担任过蔚丰厚票号驻北京、上海、汉口等分号经理。此人业务上精明干练，多才善贾，曾对蔚丰厚票号的保全及发展立功甚大。而当他事业发达后，仍不忘旧恩，为人仗义。李宏龄入介休侯家蔚丰厚票号时，是乡人曹惠林推荐的。就这件事，李宏龄一生感恩图报，不忘引荐之恩。当曹惠林病故后，曹家生活贫寒，子女尚幼，不能独立生活。李宏龄知道后，便主动负责赡养其妻及子女生活十余年，直至其子女长大成人，能自谋生计为止。[③]这些都说明诚信互动并不是商人的个别行为，而是商人们普遍遵循的行为规则。

中国传统商人形成的诚信互动，已成习惯。在近代更表现为与红军之间的互动，使诚信互动的性质得到了空前的提升。当年陕西商人与红军之间的互动为典型的例证。1935年9月，毛主席率中央红军走出人烟稀少

① 周伟：《寻找浙商》，光明日报出版社2003年版，第63—64页。
② 高春平：《晋商诚信赢天下》，《人民论坛》2006年第6期。
③ 张辉：《晋商谋略》，山西古籍出版社2006年版，第75页。

的川西地区，突破腊子口天险，来到岷山脚下。为了摆脱前此"叫花子打狗，边打边走"的盲目性，为红军指定下一步的行动方向，毛主席要求红一军团去哈达铺侦察敌情，筹集粮食并"找到点精神食粮"。左权参谋长遂派梁兴初等于9月17日先期到达哈达铺，在国民党守军鲁大昌部的镇公所和邮局旁旅馆的客商手中搜集到一些报纸，有《山西日报》、《西京日报》等，上面刊有陕北红军的消息。林彪看了以后高兴地说："我的妈呀！革命要成功了"，让聂荣臻速将报纸给毛主席送去。[①]

这应是毛主席看到陕北红军消息的最早版本。1935年9月20日，毛主席率中央纵队进驻哈达铺。据毛主席警卫员陈奉昌将军重返哈达铺时回忆："毛主席一到哈达铺，没进宿舍，就到他住的'义和昌'药铺斜对门邮电代办所去找报纸，发现一堆报纸，马上让伙计颜新民将报纸递上来，拿到柜台上，将有用的选出来，其中最有价值的就是1935年9月12日天津《大公报》，那上面从反面登载了陕北刘志丹红军和根据地比较详细的消息。然后让警卫员付了钱，带回他的住所。"[②]此间，张闻天也找到了登载陕北红军消息的天津《大公报》；谢觉哉上茅房时发现有陕北红军消息的《山西日报》，让彭德怀交毛主席；周恩来的卫生员陈诗林也从伪公所找来《大公报》交给毛主席。应当说，从9月20日至22日两天时间内，有登载陕北红军消息的不同报纸密集传递到毛主席手中，使毛主席可以缜密判断陕北红军的具体情况和制订红军下一步行动方案。而在这些报纸中，对陕北红军及根据地报道最为详细最有价值的信息是天津的《大公报》，从部队的番号到活动区域，再到大致人数都有详细登载。张闻天在哈达铺利用报纸消息写了一篇《读报笔记》，题目是《发展着的陕甘苏维埃革命运动》，时间是1935年9月22日，刊登在1935年9月28日《前进报》第3期上，文章开首写道："天津《大公报》曾经这样的讲到陕西苏维埃革命运动"，然后引用《大公报》1935年7月23日、29日、31日和8月1日的消息，分析陕北红军的活动和中央红军去陕北的决策，这是当事人1976年前所述，应当是真实、准确和有权威的说法。

---

① 李魁影：《毛泽东开辟中国革命道路纪实》，中央文献出版社2010年版，第212页。
② 赵新平：《红军到达哈达铺概况》，2010年5月6日，宕昌党建网。

在此期间，红军参谋长叶剑英看到《大公报》的消息后，去找当时随军长征的中共陕西省委宣传部长神木人贾拓夫，详细询问陕北及陕北红军的具体情况，又找彭德怀，找毛泽东，为红军落脚陕北起了很好的参谋作用。[①]

1935年9月22日上午，毛主席在他住的陕西"义和昌"药铺召开中央领导人会议，会上毛主席手持《大公报》，指出陕北23个县，全有红军和游击队活动，刘志丹的红二十六军主力部队有3个师，万多支枪，徐海东的红二十五军有强兵三千，已转移到陕甘边界。从而改变1935年9月12日在川西俄界会议上做出"打到苏联边界去……打通国际联系"甚至"被打散去白区工作的想法"，做出了"到陕北去，找刘志丹去"的重大决策，为红军落脚陕北作出了至关紧要的决定。[②]1935年9月22日下午，毛主席在哈达铺关帝庙召开团级以上干部会议，在会上毛主席发表讲话："感谢国民党的报纸，为我们提供陕北红军比较详细的消息，我们要抗日，首先要到陕北去。"亦决定将中央红军整编为"抗日陕北支队"，先期奔赴陕北。在会上毛主席充满激情地说："同志们前进吧，到陕北只有七百里了，那里就是我们的目的地，就是我们抗日前进阵地。"从而奠定了中国革命后来的历史走向，为红军"落脚陕甘宁，走向全中国"迈出了最坚实的步伐。[③]1935年9月23日，红军离开了哈达铺，走上了通向陕北的发展道路。

哈达铺的陕西商人为红军走向陕北提供了极其有价值的消息，而红军对陕西商人的回馈也是极为丰厚的。一方面军到达哈达铺有8000人，由于哈达铺是红军翻雪山后碰到的"第一个有人烟的地方"，又语言相通，因此"全军上下，不论官兵民工，一人发大洋一元"，红军政治部还专门发文件"让大家吃得好"。[④]这8000银元大部分花费在哈达铺。因为1935年10月22日在陕北会宁会师时，红军只剩下2000银元，连前来迎接的红二十五军军长徐海东都很吃惊。可见，至少有6000银元是在哈达铺花费掉

---

① 赵新平：《红军到达哈达铺概况》，2010年5月6日，宕昌党建网。

② 《人民日报》1996年10月28日。

③ 胡兆才：《红军长征纪实》，解放军文艺出版社2006年版，第210页。

④ 李魁影：《毛泽东开辟中国革命道路纪实》，中央文献出版社2010年版，第217页。

的。而当时哈达铺1银元可买5只鸡或100只鸡蛋，2银元可买1只羊，5银元可以买1头肥猪。6000银元如果换算成鸡，可以买30万只鸡，或600万个鸡蛋，或3000只羊，或600只猪。一个小小的哈达铺，一下子拥塞了8000人，而且手里握有8000银元，那是多么巨大的市场购买力量，所以"哈达铺的商人可走运了，生意兴隆，有什么都卖完了，利市三倍"。①时任叶帅作战参谋的范希贤将军就回忆说，他曾去镇上的药铺抓过中药。②

贺龙警卫员周龙将军说："我用所发的一块大洋买了四个大白面饼子抱回来。"③当时哈达铺有红军说："我18岁了，除了我姐姐出嫁那年吃过鸡，当了红军才有鸡吃。"④哈达铺不仅是红军长征的定向点，又是红军长征的加油站，还是陕西商人的发财地、幸福源。因为，红军给陕西商人最大的回馈，就是14年后，献给他们一个红彤彤的人民共和国。

传统商人的诚信互动之所以成为商人遵循的普遍规则，在于这种规则得到了商人们的普遍认同，大家都努力践行，否则就会受到应有的惩罚。

《狭路逢》中湖广商人李天造到芜湖贩桐油，出资救助了身无分文的同乡商人傅星，后来又充分信任他，请他去苏州代自己收取货款。在千金货款面前，傅星心理失衡了。他顾不得李天造的恩情和信任，拐了李天造的千金货款逃回家乡，把女儿从债主家中救了出来。谁知女儿成亲的时候，傅星发现自己的亲家竟然是自己最不想见的李天造，羞愧得无地自容。⑤

明清小说《醉醒石》"穆琼姐错认有情郎，董文甫枉做负恩鬼"中记载了，商人董文甫与青楼女子穆琼琼有约，答应用三百金把她赎出妓院。穆琼琼怕董文甫出不起这笔钱，就把自己积攒的二百金全部给了董文甫，嘱咐董文甫"到家设处百金，可以赎我。但你不可负心"。而董文甫把穆琼琼的钱拿到手之后没有履行自己的诺言。穆琼琼因此抑郁而亡，负心商人董文甫受到穆琼琼鬼魂的追索，最后为自己的不诚信行为付出了生命的

① 赵新平：《红军到达哈达铺概况》，2010年5月6日，宕昌党建网。
② 《今日哈达铺》，《长治时报》2005年12月21日。
③ 周龙：《红军来到哈达铺》，2007年1月8日，公丕才博客。
④ 侯树琼：《中国革命战争纪实》，人民出版社2007年版，第231页。
⑤ 邱绍雄：《中国商贾小说史》，北京大学出版社2004年版，第137页。

代价。①

刘基《郁离子》"灵丘丈人"中记载了一位商人背信弃义遭到惩罚的故事。一济阴商人，做生意遇到风浪，小舟沉没，"捿于浮苴之上"竭加呼号，一渔夫前来救援，商人许诺说："我济上巨贾也，能救我，予以百金。"后只给了十金，渔夫问其缘由，商人勃然变色："若渔夫也，一日之获几何，而骤得十金，犹为不足乎！"后来又遇翻船事故，恰值渔夫在场，有人问为何不救，渔夫答曰："是许金而不酬者也。"于是商人一命呜呼。②

凡此说明，在传统社会诚信已经成为市场交易和市场行为规则，商人们互动践行，才保证了商业的相应秩序和促使市场经济因素的正常发育。

---

① 东鲁古狂生：《醉醒石》第十一回，上海古籍出版社2010年版。

② 刘基：《郁离子》，中州古籍出版社2009年版，第72页。

第二节
中国传统商人诚信文化互动性的制度表达

在中国传统社会，商人之间的诚信互动不仅表现为商人相互之间的"心灵契约"，身体力行，而且在明清之际已经产生市场经济因素的时代条件下，这种诚信互动的行为规则已经开始上升到制度安排的层面，成为一种制度约束。

清代，山西商人王现归乡，在市集上看到乡亲们做生意多在秤杆上做手脚，缺斤短两。他认为是败坏了正常的经商风气，是自毁形象。第二天早上起来，王现吃过早饭就直接去找弟弟王瑶，他要跟王瑶好好商量怎么才能杜绝缺斤短两的事。王现提出"咱们可以把福、禄、寿刻成三颗星，钉在秤杆后面，谁缺斤短两，那不就是缺福缺禄缺寿了嘛。要是换成这种秤杆，看看谁还给人家客人缺斤短两！"

几天后，在村里的关帝庙，王现和王瑶邀请附近的名门望族和官府代表，带领族中子弟举行了盛大的祭祀仪式。在祭祀仪式上，王现和王瑶兄弟向族中子弟展示了他们研制的新的秤杆。王现当场昭告族人："今天，在关帝爷的神像面前，我们重新核准秤杆刻度，我们在秤杆的最后面钉了三颗铜星，它们分别代表福、禄、寿的意思。从今以后，王家族人，做生意的都必须用这种新的秤杆。以后，谁再缺斤短两，就是缺德，破财，从而折寿。"①这里已经清晰表现了诚信规则从个人行为向公众制度的转变。

难能可贵的是，中国传统商人在明清时期已经将这种诚信互动运作到制度安排的层面，并将制度的刚性约束与中国传统文化的理念制约结合起

① 王先明：《晋中大院》，生活·读书·新知三联书店2002年版，第76页。

来，表现了传统商人的历史创造性。

明清以来的陕西商人在不断推进市场诚信制度化过程中，得知制度的刚性原则与商人追求私利的目的之间存在矛盾，条理化的制度还不可能从思想和灵魂层面对商人的行为起威慑作用。于是他们对刚性制度的强硬条款进行文化包装，使强硬的制度包含有更多文化的理性和人性化成分，更有利于从制度和文化两个层面对商人们的趋利行为实行（硬的）制度和（软的）文化双向约束或规制，这不能不说是陕西商人的机智之举。如河南社旗的山陕商人，除了制定《会议戥称定规矩》的制度和实行"罚戏三台"、"禀官究办"的惩罚原则外，又对这一戥称制度进行了富有创意的文化诠释，他们指出"商人用秤，一斤16两，秤杆上一两一星，满16个星为一斤，即北斗七星，南有六星，加上福、寿、禄三星就是16星。秤星谐音就是'诚信'。经商不能缺斤短两，缺一两折福，缺二两折寿，缺三两折福寿禄，超过三两，连南北都没有了"。①这便从人性的高度对制度进行了文化包装，使刚性的制度带有福、寿、禄温情脉脉的文化面纱。缺斤短两，不仅要支付经济成本（罚戏三台），还要支付社会成本（禀官究办），更要支付文化成本（福、寿、禄的人生追求丢失），三本齐罚，从器物、制度、文化三个层面对市场违规行为进行惩治，有力地维护了市场的正常秩序。

明清以来，山陕商人在管理过程中将制度"硬制约"与文化"软约束"相捆绑的创新性思维，浸淫在他们商贸活动的各个方面。

契约化是明清山陕商人推进市场活动制度化的重要内容。为了明确商业经营中的权责利关系，防止"空口无凭"的商业欺诈，他们在购、运、销的各个环节都以契约作为权责文书和法律担保，"立此为据"成为保证商业运营有序进行的制度措置。但在契约文本的书写上却包含有浓厚的诚信文化"软约束"内容。录山陕商人的一则契约如下：

合资合约

立约人×××、×××等，窃见财从伴生，事在人为，是两人商议，和本求财，当凭中见（××）各出本银（×两）作本，同心揭胆，营谋生

---

① 孔祥毅：《晋商学》，经济科学出版社2005年版，第46页。

意。所获利息,每年面算明白,量分家用,仍留资本以为渊源不歇之计。至于私己用度,各人自备,不许扯动此银并混乱账目。故特歃血定盟,务宜意一团和气,苦乐均受,慎无执扯争岔不得积私肥己。犯此议者,神人共愤。今恐无凭,立此合约,一样二纸,为后炤用。①

这里既有"不许扯动此银并混乱账目……慎无执扯争岔不得积私肥己"的硬制度,又有"犯此议者,神人共愤"的软约束,还有"同心揭胆"、"一团和气,苦乐均受"的诚信精神诉求。尤其是"神人共愤"告诫商人违反制度规定不仅要受人间道德的谴责,还要得到冥冥之中神灵的惩罚,使违规者处于精神恐慌的战栗状态,这种"软约束"其实是调动了天、地、人的全部力量,来营造秩序良好的营业氛围。

除了制度方面的硬性规定外,在具体的商业经营中,也是以各种规范措置来保证诚信及共赢原则的贯彻落实。"河南社旗镇,明清之际因水运发达而成为南北十三省重要商品集散地,当时瓷器街各大瓷器行集中了全国南北六大窑系的各色观赏与日用瓷器。据镇内老人回忆,当时各瓷器行遵守诚信为本的经商理念,对于运输过程中造成的残破瓷器及次品瓷器均集中销毁,其残片及次品均集中倾倒于位于瓷器街北端山陕会馆前西南侧一个大坑之内。后大坑被瓷器片填满,人们在其上盖上了房屋,此瓷器坑已掩入地下近百年。2006年初,为拆迁后期建于其上的现代建筑,改善山陕会馆环境风貌,该瓷器坑得以显现。县文物部门报请南阳市文物研究所对该瓷器坑进行试探,出土各类次瓷及瓷片10余吨,初步考证其年代自明代中期至清代末期,包括当时全国各大窑系的瓷片。这些次瓷及瓷片既具有极高的研究价值和文化价值,同时也是赊店诚信经商传统的历史见证。为此,社旗县政府决定筹建瓷器博物馆,集中展示出土的各类瓷片,既加强出土瓷片的保护与研究,又是一个很好的诚信教育场所。"②

---

① 冯梦龙:《燕居笔记》卷五(下),上海古籍出版社1990年版。
② 刘中强:《明清瓷器坑——赊店商业诚信之见证》,2007年12月25日,社旗网。

第三节
中国传统商人诚信文化的草根性

在中国传统社会等级制度下，官商不相交接，各行其道。官府高高在上，视商人的市场运作用乾隆皇帝的话说："市井小儿之习，官法不宜与之区处"，①以免降低官威；而商人视官府为"青天大老爷"，每每"战栗而不敢前"，这便使得中国传统商人的诚信文化带有极强的草根性和民间性，是商人之间自发提供的承诺和信用，具有民俗和行规的约束力，而非法律的强制性。它既体现了传统商人的行为自觉和行为自律，展示了东方文化的温情和魅力，又与西方的诚信形成极大的不同。西方资本主义在其发展之初，就主要是依靠"王权"的力量推进的，因此，西方的诚信一开始就带有法律的效力和普世的强制性，主要是依靠法律的力量进行保护和推广，而非马克斯·韦伯所过于强调的"神的力量"。这是中国传统商人诚信文化与西方诚信文化最根本的区别之一。

中国传统商人诚信文化的草根性，首先是传统商人行为自觉和行为自律的体现，是商人自我意识的唤醒，而非法律外在强制的结果。在中国传统社会，官府与商人之间由于相互隔膜而处于严重的信息不对称状态。

一是官商不相沟通。在中国传统社会，政治城市与经济农村的二元化社会结构，使官府远离市场，对市场操作采取自由放任的管理政策，不进行直接干预，在"命夫命妇，不鬻于市"的传统观念下，官员视商务为"俗务"，以言利为羞，以谈市为耻，对市场茫然无知。在"民可使由

---

① 《皇朝经世文编》卷一二二一。

之，不可使知之"的统治思想下，官员催粮派款、微服私访多趋农村而远避市场，以避"与民争利"之嫌，使官府对市场摆了一副高高在上的臭架子。当年汉代盐铁会议上，贤良文学攻击桑弘羊的罪名之一，就是以堂堂大司农之职为"竖贾"代言；唐代宰相刘晏早朝在其坊口买蒸饼吃，被朝议为"与竖贾交接"；就是到晚清，同治皇帝出故宫后门，在景山前的地摊吃凉粉，吃完扬长而去，当摊主向其讨钱时，皇帝惊讶地说："吃凉粉怎么还要钱！"①说明这种官府不言市利、不通市场的状态到清代都没有太大的变化。所以，清代乾隆年间，当苏州的钱江会馆设立行规报钱塘县衙备案时，钱塘知县在给上级的禀文中，强调说："今各处贸易，皆有定规……此皆俗例，而非官例，私禁而非官禁，地方官要在俯顺舆情，若欲稍事更张，则讼争蜂起，窃恐日坐堂皇，亦有应接不暇之势。"②一个"俗例"而非"官例"的区别，典型说明了官府与市场的隔膜状态。反之，在士农工商的社会职业分层安排下，商人亦远离官府，官商不直接交接。商人有事请示官府，不能直接面见官员，要通过行会或会馆的"行头"、"会首"、"市头"禀报，官员的批文不能直接交给商人或其代表，要由官员"抛给"，由商人或其代表跪地拾起，体现了严格的等级身份和官府对商人的鄙视程度。在这种情况下，官商信息极端的不对称，商人始终处于信息末端的封闭状态。

二是官府盘剥商人，造成商人对官府在心理上的恐惧。在中国传统社会，官府虽然远离市场，但官员深知"商不出，则三宝绝"，市场依然是利益的源头，他们想方设法通过各种手段盘剥商人，利用手中的权力"争利于市"，造成商人"辇资而来，亏损而归"，财富和心灵均受到巨大的损伤。这些手段包括重税、和买和报效等。中国自汉代以来就对商人实行"重税困辱之"的政策，利用税收限制商人的生长。各地关卡林立，胥吏肆意需索，只鸡尺布，均得纳税，商人过关如同赴汤蹈火。明代的商税已经是"或征市舶，或征店税，或专领税务……水陆行数十里，即竖旗建厂，视商贾懦者肆为攘夺，没其全资，负载行李亦被搜索。又立土商名

① 《清朝野史大观》，江苏广陵古籍刻印社1983年版，第213页。
② 汤肇熙：《出山草谱》卷二，北京出版社2000年版。

目，穷乡僻坞，米盐鸡豚，皆令输税"①。致使商人纷纷破产，北方河西
务关"税使征敛。以致商少，先年布店计一百六十余名，今止三十余家矣。
在临清关则称往年夥商三十八人，皆为沿途税使抽罚折本，今存二人矣"②。
"和买"、"宫市"亦是官府利用不等价交换盘剥商人的手段。从唐代白居
易的《卖炭翁》"卖炭翁，伐薪烧炭南山中……一车炭千余斤，宫使驱将
惜不得，半匹红绡一丈绫，系向牛头充炭直"，到宋代更演变成为经常性
的"抽解"制度，"有官需者，十取其一，谓之抽税"，③更有没完没了
的"报效"，天灾人祸、宫廷丧嫁，官员丁忧、胥吏产子商人均得无偿报
效。这些使得商人始终处于被盘剥和被欺诈的末端，财富和心灵受到巨大
的伤害，每"见官竣然而不敢前"。商人普遍存在敬官、畏官的现象。
《士商要览·买卖机关》有一重要训诫："是官当敬，凡长宜尊。"并
进一步解释："官无大小，皆受朝廷一命，权可制人，不可因其秩卑，放
肆慢侮，苟或触犯，虽不能荣人，亦足以辱人；倘受其叱挞，又将何以洗
耻哉。凡见官长，须起立引避，盖尝为卑为降，实吾民之职分也。不论贫
富，或属我尊长，或年纪老大，遇我于座于途，必须谦让恭敬，不可狂妄
僭越。设若尔长于人，人不逊尔，尔心独无憾忿乎。"④

就是这样商人也依然逃脱不了被官府盘剥的命运。明清小说《石点
头》记载一则官府盘剥商人，致使商人血本无归的故事，说的是徽州姓汪
的富商，在苏杭收买了几千金绫罗绸缎前往川中去发卖，来到荆州，如例
纳税。那班民壮，见货物盛多，要汪商发单银十两……（汪商）听说要发
单银十两，分明是要他性命，如何肯出，说道："莫说我做客老了，便是
近日从北新、浒墅各税司经过也从无此例。"这话一发激恼了士兵，劈脸
就打，骂道："贼蛮，发单钱又不兑出来，放什么冷屁。"汪商是个大本
钱的富翁，从不曾受这般羞辱，一时怒起，也骂道："砍头的奴才，我正
项税银已完，如何又勒住照单，索诈银财，反又打人，有这样无理的事，

① 《明史》卷八十一《食货》。
② 《明万历实录》卷三七六。
③ 《宋史·食货志》。
④ 鞠清远：《校正江湖必读》，《食货半月刊》第五卷第九期。

罢罢，我拼这几两本钱与你做一场。"回身便起，欲待奔回船去。那士兵揪转来，又是两拳，骂道："蛮囚，你骂那个，且见我们爷去。"汪商叫喊地方救命，众人见是士兵行凶谁敢近前，被这班人拖入衙门。吾爱陶（时任荆湖路条例司监税提举）方出堂放关，众人跪倒禀说："汪商船中货物甚多，所报尚有隐匿，且又指称老爷新例苛刻，百般詈骂。"吾爱陶闻言，拍案大怒道："有这等事，快发他货物起来查验。"汪商再三禀说勒索打骂情由，谁来听你。须臾之间，货物尽都抬到堂上，逐一看验，不道果然少报了两箱。吾爱陶喝道："拿下打了五十毛板，连原报铺家也打二十毛板罢。"吾爱陶又道："漏税，例该一半入官，教左右取出剪子来分取。"从来入官货物每十件官取五件，这叫做"一半入官"。吾爱陶新例，不论绫罗绸缎布匹绒褐，每匹平分，半匹入官，半匹归商。可惜几千金货物尽都剪破，纵然织锦回文也只当做半片残霞。汪商扶痛而出。①

　　这种官府与商人极端的信息不对称状态，使商人不可能依靠官府的强制力量来确立和推进诚信市场规则和道德约束，他们只好凭借自己的力量"聚众公议条规"，整饬市场秩序，维护社会正义。20世纪30年代工商部《工商同业公会法》站在社会进化的角度对此有精当的总结，"自舟车交通，商贾往来中，贸易远方，异地聚处，本其民族精神，渐次结合成立团体，是为公所会馆之滥觞。其始也仅为乡谊上之观念，醵资建筑馆舍，以供祭祀及同乡会集之所，或举办公益善举事业，如停寄枢棺，施给医药，开办义塾等。继则基于营业上之共同利害关系，会集讨论，或公订规约，以资相互维系，盖由公益团体性质进而及于商业关系。故吾国工商团体，本于会馆公所制度之精神。②说明传统商人的诚信是商人自发形成的自我约束和职业自觉，体现了传统商人自我意识的觉醒。上例钱塘县令所说的"俗例"、"私禁"均表明了这种诚信的民间性和草根性。而非像西方那样是政府法令强制的结果。

　　其次，中国传统商人诚信文化的草根性，还表现在传统商人诚信文化是与官府欺诈文化对立交织的产物上。在封建社会，官府文化从本质上是权

---

① 天然痴叟：《石点头》卷八，上海古籍出版社2011年版。

② 朱英：《中国近代同业公会与行业协会》，中国人民大学出版社2004年版，第12页。

术和欺诈文化。"不说假话，办不了大事"是典型官府文化的总结。清代著名史学家赵翼曾总结明代的官府政治是流氓政治："盖明祖一人，圣贤、豪杰、盗贼之性，实兼而有之者也。"①朱元璋早在坐上大明帝国第一把交椅之前，就曾拿儒生的帽子撒尿，颇有些比汉高祖刘邦实在是更胜一筹的模样。而不讲信义，心狠手辣，屠杀迫害生死与共、赴汤蹈火的功臣宿将，更是这种流氓本性的大暴露。刘邦杀功臣，主要杀了韩信、彭越，而朱元璋则先后制造胡惟庸、蓝玉大狱，胡狱族诛至3万余人，蓝狱诛至15000余人，功臣几乎一网打尽。这种史无前例的滥杀屠戮的行径，正如赵翼所指出的那样，"……明祖，藉诸功臣以取天下，及天下既定，即尽举取天下之人而尽杀之，其残忍实千古所未有。盖雄猜好杀本其天性"。②上行下效。朱元璋的子孙也就是藩王，也是一副流氓嘴脸。早在洪武初年，封在山西不久的晋王朱棡，即威逼民间女子入宫，不中意者打死，烧成灰，送出宫外；对宫女滥施酷刑，有的被割掉舌头，有的被五花大绑，埋于雪中，活活冻死；将7—10岁的幼男阉割150多名，伤痕尚未痊愈，就令人运到府内，致使多名幼童死亡。崇祯末年，南昌宁藩的恶少，更"辄结凶党数十人，各为群，白昼捉人子弟于市，或剥取人衣，或相牵讦讼破人产，行人不敢过其门巷，百姓相命曰鏖神"。③明代政治流氓化，导致了严重后果。其中最值得注意的即为流氓政治化。如臭名昭著的宦官魏忠贤，年轻时本来就是肃宁县吃喝嫖赌样样来、成天与一帮无赖鬼混的流氓，后来赌输了大钱，还不起，走投无路，才自行阉割，进宫当了太监。但正是这样的流氓无赖，却在天启年间掌握了国家大权，专权乱政，称九千九百岁，激化了各种社会矛盾，加速了明王朝的崩溃。

清朝入关后，更将前期的奴隶制低层次文化输入关内，导致宫廷宗室成员的无赖化。道光皇帝就在上谕中说："朕因宗室近来积习，往往以不干己事具控，借端讹诈。"④而八旗人员的流氓化并不比宗室差，本来八旗

---

① 赵翼：《廿二史札记》卷三十六。

② 同上书"胡蓝之狱"。

③ 朱升：《朱枫林集》卷十。

④ 张寿镛：《清朝掌故汇编内编》卷五十五。

中就"盗贼光棍匪人甚多",入关后就更加流氓化,康熙年间已经是"土棍勾旗放债,准折子女,贴累亲邻,不能安生"。①在宫廷宗室以及旗人的庇护下,官吏衙役上行下效,形成流氓风气,许多衙役沦为"讼棍"、"衙蠹"欺害百姓。有人写诗咏叹当时的世风是"考课不明诠选杂,前后做令皆弩诏。钱谷讼狱懵无知,上下其手听出入。哆口嚼民如雠仇,官取其十吏取百。满堂知县人哄传,宗之相公阁老权。片言能合宰公意,只字可发官帑钱。"②在这种充满流氓气息的官府统治下,不可能催生诚信的社会文化。因此,中国传统商人的诚信文化完全是善良的商人在不绝如缕的传统文化潜移默化感召下,自发形成的行为规范和道德要求,它充分体现了中国下层民众从善如流的生命本性和渴求公平正义的社会呼声,反映了中国无法阻挡的社会进步。这与西方诚信形成了鲜明的对照。西方资本主义发展之初,当大批海盗转化为资本家时,他们曾经有三百年"杀人放火卖鸦片"的资本原始积累过程。当"资本积累"取代"资本原始积累"后,市场的正常发育使他们开始懂得了"资产阶级不能靠欺骗自己发财致富"③,才通过国家立法的形式规定了社会诚信的各种法规,靠法律的强制将诚信推广到社会生活的各个领域。他们的诚信,是自上而下推进的,我们的诚信是自下而上延伸的;他们的诚信是靠王权的力量强制的,我们的诚信是靠民众自发的形成和播散的。这是中国传统商人诚信与西方商人诚信的一个区别。

① 《清高宗实录》卷十二,康熙元年(1662)二月。
② 徐珂:《清稗类钞·胥役》,商务印书馆民国六年(1917)版。
③ 马克思:《资本论》第一卷,人民出版社1972年版,第217页。

第四节
中国传统商人诚信文化的伦理关怀

中国传统社会是一个人治和人情社会。当年山陕会馆挂的一个牌匾就写着"天理、国法、人情"六个大字，按儒家"民重，国次之，君轻"的排序，就是"人情大于王法"，这是中国传统商人非常练达的人生经验。因为在等级森严的中国传统社会，"朕即国家"，皇帝的家法就是国法，各级官吏只不过是皇帝的管家。在一般百姓眼里，天是虚幻的，皇帝在宫里，他们只是生活在"天高皇帝远"的民间。因此，他们只关心自己赖以生存的人际环境和由亲情、友情构成的人际链条，法律只是他们活动的心理底线而已。这就使得中国传统商人的诚信更多表现出人际伦理的关怀，而缺乏法律的关照。这是中国传统商人诚信文化与西方诚信文化的又一个区别。

首先，中国传统商人的诚信更多表现了对他人命运的关怀和理解，而非西方诚信所要求的"利益共赢"。如前例南北朝明山宾卖牛，牛卖掉后，他想到的是"这头牛从前害过蹄疾，费了好大的劲才治好。如今换个新主人，不知正确使役，倘若过累或者牛棚过于潮湿，蹄疾就会复发，到那时，人家岂不等于买回一头废牛？"于是偿还牛价；浦东人某乙拾金后，想到的不是自己"此累累者，吾若取以归，宁不足疗吾贫，且半生温饱有余矣"的利益，而是"彼或以是金故，丧名誉而殒身命"，更多的是替别人命运的担忧，认同的是"吾心奚安！贫富，命也。吾今既见之，宜尽吾责"，而非利益的共赢；而明清小说《施泽润滩阙逆友》中商人施复拾银寻思的是："这银两若是……客商的，他抛妻弃子，宿水餐风，辛勤挣来之物，今失落了，好不烦恼。如若有本钱的，他这账生意扯直，也还不在心上。倘然是个小经纪，只有这些本银，或是与我一般样苦挣过日，或卖了绸，或脱了丝，这两锭银乃是养命之根，不争失了，就如绝了咽喉之气，一家良善，没甚过活，互相埋怨，必致舍身卖子。倘是个执性的，气恼不过，肮脏送了性命，也未可知。"更将中小商人推己及人、体谅他人命运的善良描写得真实动人，也没有要求利益共赢，而是"我虽是拾得的，不十分罪过。但日常向没这东西时，依原将就过了日子。不如原往那所在，等失主来寻，还了他去，得到安乐"，一个"得到安乐"说明中国传统商人诚信企及的是心灵的平静和人生的快乐，而非单纯的"利益共赢"。清代婺源商人詹元甲不乘天灾之机赚取昧心之利所说的"今饥鸿载途，嗷嗷待哺，予取一钱，彼即少一勺，瘠人肥己，吾不忍为"，则是在更大范围内对他人命运的担忧。①江西商人胡钟，有乡人向其借贷，无法偿还，就将自己的房契抵债而迁往他乡。胡钟知道后，心非常不忍，连忙派人追回，将房契归还原主，并将借据烧掉。②金溪商人刘光昌，做典当生意，许多乡民用衣被典当粮食。这年因歉收，天气渐寒，刘光昌将乡民召来，让大家将衣被全部收回，所贷粮食均不再索。有人不解，刘光昌说："天气这样寒冷，同族的乡邻都冻得受不了，我怎么能忍心一个人拥有棉被暖和自己呢？"还将所有借据尽行烧毁。③这些说明，中国传统商人诚信的动机是更多替他人着想的善良，是对他人命运的伦理关怀，体现了中国人"生命本善"的价值取向。而非西方诚信是"每个人追求利益不以损害他人利益为前提"的利益的计较。而当面对"饥鸿载途，嗷嗷待哺"中国商人能够"瘠人肥己，吾不忍为"更是生命本质的升华，而非西方诚信充其量达到"利益共赢"所能同日而语。

其次，中国传统商人的诚信是过程善良达到结果善良，而非西方诚信所企及的"利益共赢"和法律约束。中国传统商人的诚信，从关怀他人处

① 光绪《婺源县志》卷三四《人物·义行》。
② 范勇：《商悟》，中央编译出版社2011年版，第108页。
③ 同上书，第109页。

境和命运的善良愿望出发，表现为过程善良和结果善良。江西洪江镇李姓富商，将窨子屋卖给刘姓商人。刘姓商人在整修房屋的时候，在地板下发现了一坛金子，于是便派人把这坛金子送还给以前房屋的主人。但刘姓商人以房屋已经卖出交割，拒不接受，"两个人各持己见，相持不下，谁都不肯要这坛金子"，表现了过程的善良。后来两人便找到把总大人，"建议他们把金子捐出来修桥铺路做点善事"，表现了结果的善良。小说《歧路灯》的陕西商人王中得到主人家城南菜地二十亩为家业，后来在井池石板下掘得窨藏银两一千一百两上下，"若是气量浅小的人，在路上拾条毛巾，道边拾几文钱，尚不免喜形于色，逢人自夸造化"，而王中却说："这园子原是大老爷在日赏我的，我立意没有要主人产业的理。……我挖这银子，仍然是上下土木相连，还是主人家财帛。"体现了过程的善良，"于是他请别人出面替主人赎回已经出典的街面房屋，使得主人家再度复兴"依然是结果善良；《撖青杂说》中茶肆主人拾金归还失主后，整个过程考虑的不是法律的制约，而是"常恐有愧于心故耳"的心理追问和灵魂安宁。茶肆主人说得很明白，"义利之分，古人所重，小人若重利轻义，则逆而不告，官人将如何？又不可以官法相加，所以然者，常恐有愧于心故耳"。完全是在自觉自愿的过程中完成的，并没有任何法律的强制。而不像西方的诚信是通过严密的法律程序来实现结果的正义。西方的诚信过程附加有严密的法律条文和实现步骤。如"承诺"包括：（1）承诺必须由受要约人作出。被要约人以外的任何第三者即使知道要约的内容并对此作出同意的意思表示，也不能认为是承诺。（2）承诺必须是在有效时间内作出。所谓有效时间，是指要约定有答复期限的，规定的期限内即为有效时间；要约并无答复期限的，通常认为合理的时间（如信件、电报往来及受要约人考虑问题所需要的时间），即为有效时间。（3）承诺必须与要约的内容完全一致。即承诺必须是无条件地接受要约的所有条件。据此，凡是第三者对要约人所作的"承诺"，凡是超过规定时间的承诺(有的也叫"迟到的承诺")，凡是内容与要约不相一致的承诺，都不是有效的承诺。是以法律保证诚信的过程公正和结果正义，诚信及其对象都是在法律监控下完成的，而不像中国传统商人的诚信放射着人性伦理的光芒。

再次，中国传统商人的诚信惩罚性条款充满了人性的伦理抚慰，而非西方诚信惩罚性条款充满了利益的强制。诚信是相对于不诚信的行为而存在，尤其是明清以后，中国传统商人的诚信逐步走上制度化的道路。在这种情况下，对违反诚信的行为进行惩罚，就成为保证诚信严肃性和有效性的重要内容。明清以来的中国工商会馆，对违反诚信行为的惩罚是极其严厉的，社旗山陕会馆就规定违反诚信规定单项"罚银五十两"，五十两已经是很大的数目，合今天人民币约5000元，在当时相当于一个四品官一年的俸禄。清代经济最发达的江南地区一个农民家庭"一年收入约45两"①，商人的收入，按洪亮吉的估计"四民之中，各有生计，农工自食其力者也，商贾各以其赢以易食者也，士亦挟其长，佣书授徒以易食者也。除农本计不议外，工商贾所入之至少者，日可余百钱，士佣书授徒所入，日亦可得百钱。是士工商一岁之所入不下四十千"。②洪的写作时间是乾隆后期，当时的银钱比价约为每两900—1000钱，故折合成银子为40—45两。与上述一个农民家庭的收入类似，惩罚不谓不重。

而问题在于，工商会馆在惩罚制度的厘定上是严肃的、刻细的甚至是烦琐的，是板起面孔的。但会馆对违规行为的惩治却是温软的，充满了人情味和"以人为本"式关怀。无非"罚饭三桌"、"罚戏三台"。这种"软约束"表面看似温情脉脉，但却包含着极为严厉的制裁。因为在传统中国的人情社会里，在乡党、亲友面前被罚，就意味着个人公信力的被剥夺，颜面尽失，信义皆无，使违规者支付巨大的道德成本。可又不一棒子打死，留下悔过自新的余地。同时"罚饭三桌"又体现了社会公正的原则，众亲友同行在吃饭中弥补了违规者造成的损失，伸张了是非正义，平息了心中的愤怒，更有利于和谐同乡同行之间的关系。有趣的是，许多会馆在对制度执行中存在的违规行为惩罚常常是轻描淡写的富有东方人情味的。据北京齐如山先生的回忆：北京许多会馆每年开一两次会，开会时会长问："人都来齐了没有？"众人回答说："到齐了。"会长又问："今

---

① 方行、经君健、魏金玉主编：《中国经济通史·清代经济卷》（下），经济日报出版社2000年版，第1750页。

② 洪亮吉：《卷施阁甲集》卷一，第6—7页。

年有犯规的没有？谁犯规谁就是混账王八蛋。"只此一句就够了，就没人敢犯行规了。[①]这种"软约束"似乎软到近似于无形，但却有极大的行为约束力。因为在传统熟人社会里，一旦犯规，成为"混账王八蛋"就等于失去了全部的个人信用，就被剥夺了经营的起码条件，因为在礼制中国，人们出于颜面的考虑，谁也不愿意与"混账王八蛋"为伍，其惩罚的道德成本是极为昂贵的。这就是齐如山先生所说"只此一句，就够了，就没人敢违犯行规了"的道理。这与西方单纯的经济制裁形成了明显的对比和两种文化的区别。

---

① 齐如山：《齐如山回忆录》，中国戏剧出版社1989年版，第199页。

第五章
中国传统商人诚信文化的作用

中国从秦汉以来就有商人"搭伙经商"的习惯。如《太平广记》中就记载有陕西商人王行言"结十余辈少壮同行"到四川贩盐，被老虎所啜的故事。那只是商人之间的临时行为。

第一节
保证市场正常发育的行为规则

中国传统社会发展到明清末期，最大的变化就是商品经济的发展所导致的市场经济因素的产生和逐渐发育。在市场经济刺激下，原先那种"重农轻末"的经济结构逐渐被"农商并重"所取代，社会呈现出不同于以往的很多新变化："今观衢术之交，绣窗绮席，曳罗衬锦，累裯重稠，而鹑结者尚次诸途，彼何有于桑？钟鼎水陆，鲭五侯，调易牙，篪弦优俳，杂遇并进，而枵罄者尚叹诸室，彼何有于耕？即使国门之外，画地而畦，围堑而庄，疑于农业矣，而所植非珍果奇花，则蓝蓼卉草。何者？彼一畦之入，货之固抵阡陌也。山壑之民，岩居谷汲，披裘舐犊，疑于农业矣，而所治非薪厂煤窑，则公侯厮养。何者？彼丝毫之利，岁计固致倍蓰也。"① 为追求"岁计固致倍蓰"的经济效益，各种不正当竞争行为如陈渣泛起，旧途新踪，不一而足，社会呈现出"操资交捷，起落不常。能者方成，拙者乃毁。东家已富，西家自贫。高下失均，锱铢共竞。互相凌夺，各自张狂"的慌乱景象，就连被边缘化为边疆的陕西明代以后也经历了同样的变化，"近或以少凌长，以贫致富，聚讼纠纷，所争者铢两，而费以不赀"，② 这说明，原先那种仅仅依靠诚信的道德规范筑起的社会行为堤坝，已经不能适应"贸易纷纭，诛求刻核"、"金令司天，钱神卓地。贪婪罔极，骨肉相残"③ 经济新潮流发展的需要，人们需要通过制度安排，将诚信上升到市场行为规则的制度高度，来规范市场不正当竞争行为，促使市场

---

① 沈榜：《宛署杂记》卷二，北京古籍出版社1982年版。
② 胡朴安：《中华全国风俗志》，河北人民出版1986年版，第211页。
③ 万历《歙志·风土》。

经济因素的正常发育,保证社会生活的秩序。

虽然从秦汉以来,官府对市场的管理有"市籍",汉代就规定,商人要获得在市内定居权和经营权,必须到市政官府去登记,列入市籍;明清有"编审",清政府规定在城市新开业的铺户,必须在主管衙门登记注册,做一系列的检查,名曰"编审"。①明以来对贸易经纪人的牙人还有"牙帖","凡城市乡村,诸色牙行,及船埠头,并选有抵业人户充应。官给印信文簿,附写客商船户住贯、姓名、路引字号、物货数目,每月赴官查照"。②这种印信文簿称为"牙帖",但也仅仅是对市场准入的一些规定,至于具体的市场交易行为,在官府眼里只是"市井宵小之事",不宜具体插手。如果管得太多,"稍事更张,则讼争蜂起,窃恐日坐堂皇,亦有应接不暇之势"。③这样,制定和监督执行行规市律的任务就历史地落在了作为市场经济因素的商人自发团体身上。

中国从秦汉以来就有商人"搭伙经商"的习惯。如《太平广记》中就记载有陕西商人王行言"结十余辈少壮同行"到四川贩盐,被老虎所啜的故事。④那只是商人之间的临时行为。到明代商人社团已经突破了原先简单的行会樊篱,进而成为商人保护自己利益的自觉性的团体。如委吾山的商人在上河经营者,已达20家,虽是同行,且又同乡,但一直是处于一种相对涣散的状态,无法形成互相帮助的团体力量。后来,在周柱峰、殷三洲两人的倡导下,他们通过"会银"这种传统的合会之法,将这20家商人结成一会,使资金可以"圆转流通"。此会每年三次聚会,会时有饮,中有约制数条,而其宗旨则以"佑掖之义"相劝。⑤商人社团一出现,就明显体现出一种不同于传统的文人、士大夫结社或民间社团的特点。在传统的社团中,每当聚会时,座次的排定,往往遵循的是年龄和职位两条准则。而明代商人社团中座次的编排,是以资产的多少来排座次,完全体现了一种赤裸裸的金钱特色。如真州"诸估为会,率以赀为差。上贾据上坐,中

---

① 张晋藩:《中国法制通史》第七卷,法律出版社1999年版,第359页。

② 《大明律·户律七·市廛》。

③ 汤肇熙:《出山草谱》卷二,北京出版社2000年版。

④ 李昉:《太平广记》卷四三三,太平兴国三年(978)刻本。

⑤ 严果:《天隐子遗稿》卷八,明悟澹斋刻本。

贾次之，下贾侍侧"①。正如一则逸事所记载的那样：甲问乙曰："我有千金，子敬事我乎？"乙曰："子有千金，于我何有，何为敬事子？"甲曰："我与子中分之，子敬事我乎？"乙曰："中分，则我与子等耳，何为敬事子？"甲又曰："吾全以千金予子，子敬事我乎？"乙曰："子贫我富，子敬事我可也，我何敬事子？"②这种以资产多寡排座次是商人团体的一个标志和商人伦理不同于传统儒家伦理的变化所在。明清以后，本地商人立有"合会"，流寓异地的商人便设有会馆，作为制定诚信的市场规则，维护市场正常秩序的自治团体。北京《正乙祠会馆记》指出，设立会馆的原因之一就是"淬毅力以结合，订约言以互遵……收敬业乐群之效"。③因此，明清以来的工商会馆完全是商人自发设立的自治团体。他们自聚资金、自修堂馆、自推会首、自我管理、自定规则、自我约束、自我保护，以维护自身利益，保证商务活动的正常进行。

明清工商会馆的职能之一就是"议商事"，制定以诚信为主要内容的市场规则，保证交易的正常进行和市场的发育。对此，《湖惠会馆两次迁建记碑》对会馆设立的紧迫性有恰当的分析。"会馆之设，非第春秋伏腊为旅人联樽酒之欢，叙敬梓恭桑之谊，相与乐其乐也。非以贸迁货居，受廛列肆，云合星聚，群萃一方，讵免睚眦，致生报复，非赖耆旧曷为排解。"江南的另一会馆碑记也说，建设会馆的目的之一，就是规范市场的无序状态，"盖闻名工巧匠，不以规矩，不能成方圆，坐商行贾，不立条章不能厘奸宄，以故百行贸易，莫不各有行规，以昭划一而重稽查"④。民国《鄞县县志》更从整饬商业竞争行为的角度阐述了会馆制定市场规则的必要性："商贾以竞利为鹄的，垄断饮羊自周已然。而同行嫉妒一语亦为方俗口头禅，于是，其中有翘楚者，知互相倾轧，必致两败俱伤也！乃邀集同业订立行规，相约遵守，俾有资则均沾，有害则共御，此商业团体之成立所以为最古也。"⑤因此，各个工商会馆对诚信的市场规则都有刻碑

① 徐学谟：《徐氏海隅集》，明万历四十年（1612）徐元魄重刻本。

② 归昌世：《假庵杂著》，上海古籍出版社1983年版，第203—204页。

③ 李华：《明清北京工商会馆碑刻资料》，文物出版社1980年版，第271页。

④ 李信文：《中国会馆》，香港：华夏文化出版社1999年版，第114页。

⑤ 民国《鄞县县志》卷十二《商务》。

勒石的规定。如道光年间重庆《杂粮行规》就规定有："投行经手生理之人，务要至公无私，遵规议价，勿得滥规贴用惑商舞口，所获用资，以二分一石上入行用，不得任意乱规，如违规不遵，任行主公察。"①重庆嘉庆年间《靛行行规》也规定："一议，作价亦当公正，如价值涨跌，应听时价之变换。至于过称当念天良，切不可损人利己，如果买卖猜疑不信，彼即三面复称，以免后患。原买者贩往下游楚吴，上至蜀北，路隔数千里之遥。远近不一难免无盗窃之弊，若以回信始言少称，不足为凭。倘若彼即复出称斤，果有一行少称作弊，则阖行公逐，永不许入帮生理，各宜守之勿违。"②这些规范是商人们在长时间的交易活动中形成的规则，虽然没有被国家以法律的形式规定在制定法中，但是不可否认的是，这些制度确实在调整商事活动中起到了制定法不能起到的作用。长沙光绪年间的《糖帮章程》一开头就说："法之自上而立者曰禁曰防，自下而拟者曰规曰约，其实名异而实同也。"③会馆把经过官府备案的行规视为与国家法律同等效力的东西，自然会对商人的行为起到制约作用，奖诚罚骗，保卫市场经营的正常秩序。清代重庆《杂粮行规》就记述了会馆行规与商人违规行为之间的博弈过程："朝廷治国有律，以定权衡。商贾经营议例，始立程规。兹予等颁领部帖。开设杂粮牙行，代客买卖。上裕国课，应纳道府江北巴县驿马差徭……复后又遭土豪地棍绰号滚子，冒充牙行，哄商欺行，予等查明前任刘主，沐恩赏示禁革，有案可查。至道光十三年，经蒙杨主案下更领杂粮部帖，只意奸徒滚子畏祸改业，殊知伊等仍前不法，硬多纠移匡行夺市，在沿河两岸，巡逻如梭，私揽客货，好骗客商，并不顾予等课差责任。如不整理旧规，将来受害无底。尚有违误，三行遭累不轻。是以请凭客帮，爰集同人公议，整理旧规，永定章程。"④说明会馆行规对保证市场正常发育还是起到了一定的作用。

① 四川大学历史系：《清代乾嘉巴县档案选编》，四川大学出版社1996年版，第337页。
② 同上书，第237—238页。
③ 彭泽益：《中国工商行会史料集》，中华书局1995年版，第245页。
④ 四川大学历史系：《清代乾嘉巴县档案选编》，四川大学出版社1996年版，第337页。

第二节
保持优良行为节操的道德规范

　　光绪五年（1879）刊刻的乾隆年间王秉元《贸易须知》一书中，告诫商人："商亦有道，敦信义，重然诺，习勤劳，尚节俭。此四者，士农工皆然，而商则尤贵，守则勿失。"①这里王秉元将"敦信义、重然诺"的诚信放在"四道"之首，并指出"而商尤贵，守则勿失"，说明商人保持诚信的优良行为节操，已经成为当时商人道德建设的首要问题。

　　而商人"敦信义，重然诺"在明清碰到的现实问题就是如何面对"义"和"利"的关系问题。中国自明清以降，商品经济发展和市场经济萌芽所导致的利益驱动，使全社会陷入了疯狂的逐利浪潮之中，上至皇亲国戚，下至穷黎百姓，莫不苟苟赢利，人间的一切都被"沉浸在利己主义的冰水之中"。在社会新兴起的"重商"、"射利"的风气下，传统道德所倡导的"君子不言利"的俗套被打破，追求利益的正当性得到了社会的认可，商人更是首当其冲，"商贾以竞利为鹄的，垄断饮羊自周已然"。问题在于商人怎么获利和获利以后财富怎么坚守？面对现实生活中大量存在的"见利忘义"和"为富不仁"，明清商人非常注意以伦理道德来规范自己的行为，特别强调不能见利忘义。这一要求在明清流传的商书条文中经常见到，如《客商一览醒迷》一再强调："钱财物业，来之有道，义所当得者，必安享永远。若剥削贫穷，蒙昧良善，智术巧取，贪嗜非义，虽得之，亦守之不坚。"尤其信用为本的诚信观受到重视。商书反复强调在商业运作过程中，不仅要公平交易，光明正大，而且要诚实无欺，重恩守

---

　　① 王秉元：《贸易须知》，光绪五年（1879）刊本（一卷）。

信。双方买卖交易时，"好歹莫瞒牙侩，交易要自酌量"，"货之精粗，实告经纪，使彼裁夺售卖，若昧而不言，希图侥幸，恐自误也"，而"买卖既已成交，又云价贱不卖，希望主家损用增补，此非公平正大人也"。① 同时明清流传的商业教科书也非常强调商人自我道德的修养，告诫商贾"宁甘清淡，不以利禄关心，正大光明，惟求洁白"，"凡处财治事，须宽宏大度"，"怀人以德"，"恩德之债，尤当加倍奉偿"。②

但在具体的商业操作层面，"义"和"利"又是有矛盾的。清人祁顺在《巽川祁先生文集》中就记载了这样一则故事："甲与乙鬻毯太平街。甲坐肆不出户，货不饰，价不二。有来市毯者，以定价语之，偿不足，则使去。市者弗察，皆率而之它。故终日不鬻一毯，而甲之肆寂如也。乙所毯事整饬，染之而良，薰薰而馨，拂拭之而鲜明。日负数十，走河濡，遇往来人，辄出相示。人问之价，宜百钱，必曰五百，复之以其半，则佯怒，怒则复来，巧迭出，少增其直，即鬻去。顾而他适，得利亦如之。乙见甲，遇其故，勉使效也。甲笑而不答。夫两家居同地，艺同等，人与物不相上下，而所得大相远如此，岂不饰诈求售者易，存诚待价者难焉？"③ 这说明坚守传统道德要联系到时代的变迁，要赋予传统道德以新的时代内容。甲坚守货不二价的传统经营道德，但抱残守缺，墨守成规，经营手段老化，竞争乏术，搞得生意死气沉沉，"终日不鬻一毯"；而乙在坚持传统道德"染之而良，薰薰而馨，拂拭之而鲜明"的同时，勇于创新，实行开放式经营，"日负数十，走河濡，遇往来人，辄出相示"，加大产品的广告宣传力度，又讲求经营技巧，"人问之价，宜百钱，必曰五百，复之以其半，则佯怒，怒则复来，巧迭出，少增其直，即鬻去。顾而他适，得利亦如之"，并没有谋取不义暴利，结果效益产生极大差异，"两家居同地，艺同等，人与物不相上下，而所得大相远如此"。这说明，优良传统在新的时代条件下，要有所更新和调整，要有适合新时代条件的新内容，才能够保持旺盛的生命力。

---

① 吴中孚：《商贾便览》卷一《江湖必读原书》。
② 同上。
③ 祁顺：《巽川祁先生文集》卷三，清康熙二年（1663）在滋堂刻本。

同时，在发财后的财富坚守上，也有"富"和"贫"的关系问题。明人李乐率先发现了这个问题。他说："家有仁义道德，则其富不骤，其贫不促，自然气象悠长。若无仁义道德，则其富也勃焉，其贫也亦忽焉。"①意思是说，家有"仁义道德"，富裕和贫困都是一个悠长的过程，既不会一夜暴富，也不会倏然贫穷；如果没有"仁义道德"支撑，就会骤富骤贫，富不过三代。李乐的问题，他的老师唐枢作了回答。据载唐枢有一位同宗的侄子打算经商，苦于没有资金，就与唐枢商量。唐枢就对他说："汝往市中问许多业贾者，其资本皆自己有之，抑借诸富人者乎？"他的宗侄就去了一趟市场，并作了调查，回来告诉唐枢："十有六七是从富人那里借来的资本。"唐枢就说："富人有本，只欲生利，但苦人失信负之尔！未暇求本，先须立信；信立，则我不求富人，而富人当先觅汝矣。"②这一段记载说明，唐枢认为获得财富和坚守财富的前提都是信用。穷人"先须立信"，有了市场信用"我不求富人，而富人当先觅汝"，因为富人知道"钱不停留利自生"的道理，穷人因此就会以贫求富。反之，富人更多地贷出资本，生意越做越大，就会更多地获取财富，从而实现贫富的良性转化。后来，东林党人顾宪成对此有很好的总结。他认为言"富"并不足讳。富而好礼，可以提躬；富而好行其德，可以泽物。在此基础上，他提出"以义诎利，以利诎义，离而相倾，抗而两敌。以义主利，以利佐义，合而两成，通为一脉"。③就是说，"义"和"利"的关系处理好了，就会相生不克，"以义主利"，仁义经商，不取不义之财，获得了广泛的市场信义，就会扩张和推进商贸事业，赚取更多的赢利，所谓"义者，利也"。反之"以利佐义"，富而好行其德，富而不忘乡里，乐善好施，资助贫困，就会更好地获得"义声"，所谓"利者，义也"，"合而两成，通为一脉"。正因为东林党人说出了商人们的心里话，他们的活动才得到了山陕商人的鼎力相助。这些都说明，诚信依然是明清以降商人们保持优良行为节操的道德规范。

① 李乐：《续见闻杂记》，上海古籍出版社1986年版，第711页。
② 同上书，第745页。
③ 顾宪成：《泾皋藏稿》，上海古籍出版社1993年版，第193页。

第三节
净化商人心灵的文化标准

　　明清中国传统商人的诚信行为，是商人人性本善的自然流露，它既有自我性，又有社会性。从自我性讲，它是商人自身灵魂净化的过程；从社会性讲，又会对他人的灵魂产生极大的震荡，因而成为净化商人心灵的文化标准。

　　正因为传统商人的诚信可鉴日月，才产生了极大的社会效益，人们纷纷仿效，从而在中国商业史上流传了许多不朽的佳话。元代德州齐河人訾汝道，在家讲孝道，兄弟和睦，在社会上善待邻里。同乡刘显等人贫困无法维生，訾汝道一一分给他们一点田地，让他们收地租维持生活，直到他们终老把田地收回去。有一年瘟疫流行，据说吃一种能使人发汗的瓜病就好了，訾汝道买了很多瓜，带上粮食，一户户亲自送去。有人告诉他瘟疫传染，不能到患者家去，他不顾被传染的危险，还是一家一家地跑。有亡故的，他就施赠棺材。他曾经在春天把麦子、高粱借给人，到了秋天，因蝗灾没有收成，借债人无粮偿还，訾汝道把借券焚烧了，不要他们归还。①明代浙江嘉善商人袁参坡，近邻沈姓生病，前往探视，并送去药物，袁妻派家里人分头往四邻相告：有了疾病，大家互相帮助，这是邻里应尽的义务，现在沈某病倒了，家里又很穷，每家出五分银子帮帮他。众乡邻响应，凑了一两三钱五分的银子送去，袁参坡另外馈送一石米。②徽商江演

---

　　① 《元史·孝友传》。

　　② 袁衷等辑：《庭闱杂录》。

在扬州做生意，"人颂其慈祥深厚，重义轻财……广陵尚延火灾，延烧恒数十百家，输财赈给，且不让受惠者知出何人。"①清代在自贡开盐井的陕西商人与当地土著四大家族"王、李、颜、鲁"生意上相互提携，感情上互相交融，"八店街的陕商每年要从家乡运来甘肃种大尾巴羊，常分送各家数只，冬至吃烫波全羊席，动辄二三十味菜"。后来陕西发生战乱，陕商从自流井撤资，自贡的各富室得知消息纷纷解囊，派人携带银两赴陕西接济，怕陕西人拒绝，利用黑夜掩护，从门缝中将所接济银两塞进去，悄然而退。至今陕西人说起来都点头称道。②

---

① 民国《歙县志》卷九《人物》。
② 李刚：《陕西商人研究》，陕西人民出版社2007年版，第217页。

第四节
中华优秀传统文化的重要组成部分

每一个民族在历史发展中都会形成一些恒久的理念和价值观念，这是一个民族的宝贵精神财富，是一个民族基本的价值判断和民族心理形成的重要依据。中华优秀传统文化正是中华民族的脊梁和灵魂，是维系中华民族繁衍生息不断强盛的精神家园。中华优秀的传统文化，既体现了我们民族文化的博大精深，又展示了我们民族的性格、秉承和价值理念。

作为东方产生最早的文明之一，中华优秀传统文化无疑具有博大精深的品质。概而括之，它包括："和谐文化"是中国人文精神的核心，内涵有"亲睦九族、平章百姓、协和万邦"。"人本精神"、"民本思想"是中华文化的主流。西周政治家周公提出"敬德保民"的思想，开启了中国民本思想的先河，《六韬》中提出"天下非一人之天下，乃天下人之天下也"的命题，孟子提出"民贵君轻"、"得民心者得天下"，董仲舒提出"天之生民非为王也，而天立王以为民也"以及"大一统"思想，是世代维护民族生存发展、抵制民族分裂、促进民族繁荣的精神动力。北京大学张岱年教授又将中华文化概括为两个主题："天行健，君子以自强不息；地势坤，君子以厚德载物。""自强不息"和"厚德载物"一个说的是奋斗精神，一个说的是兼容精神。而中华文化的奋斗和兼容精神又集中体现在诚（实）、善（良）、和（为贵）、（包）容等优点上。

由此出发，中国传统商人的诚信文化无疑是中华优秀传统文化的重要组成部分。

首先，中国传统商人的诚信文化体现着中华民族的诚实、善良的人性品格。中华文明是农耕文明。田园生活，平淡无奇，日出而作、日落而息。观星象识天文，观河川知地理，察万物懂阴阳，农业生产的四季循环，春种秋播，夏收冬藏，人与地之间的能量平等转换，"人待地一分，地待人一季"，"一分辛劳，一分收获"的特点，形成了中华民族诚实的基本品格。而农业以种植业为主的经济结构，使中华民族食物以植物为主，无非谷粟瓜豆，绿色食品，很少杀生，"七十而闻有肉味矣"。植物所含的热量大卡稀少于动物，形成中华民族善良、好静的行为特性，从而使中华民族以勤劳善良著称于世。而传统商人诚信文化所要求的言不二价、诚实不欺、以诚待人、知恩图报正是中华民族诚实善良优秀品质的体现，反映了中国传统商人与农业千丝万缕的联系和无法割断的故土情怀。西方的诚信所以以法律和神学为保障，是因为西方文化本质上是海洋文明，西方商人最初出身于海盗，没有法律的强制无法约束他们的行为，没有神学的召唤无法安息他们出身盗匪狂勃的心灵。中国传统商人从春秋战国以来，大多数是从"弃农经商"转化而来的，就是明清的儒士业贾，也是从农村转向城市，基本上保持着半农半商的经营结构。无论是"弃农经商"，还是"儒士学贾"最终都走着"以商求富，以农守之"的发展老路，他们是从农村出来，又复归农村，千百年来没有割断与农村的联系，这便使得农业生产形成的诚实、善良的文化血脉，在他们身上没有断裂，而是在商业领域得到了自然的传承。这是中国传统商人诚信文化产生的深层次文化原因（当然也是传统商人诚信文化发育不良的文化羁绊，这将在后文进行论述），也是传统商人诚信文化成为中华优秀文化重要组成部分的根脉所系。

其次，中国传统商人的诚信文化体现着中华民族和谐的精神诉求。在农耕文明的国度里，讲求日月交替，四季运行，阴阳和谐，风调雨顺，植物才能茁壮生长，一年的辛劳才能丰收在望。而土生万物，田长稼禾，宅植以桑，雨润风清，如果没有太大的天灾人祸，一般都会颗粒归仓，一年便衣食无虑矣。土地的这种中和性质决定了中国人追求和谐的精神诉求。和谐是一种最高境界，和谐生万物，和谐产生真善美，和谐可以使人善良，和谐可以教人仁慈。在追求和谐文化的大背景下，可以产生一连串的柔和、礼让、谦卑，以理服人、以柔克刚。中国人对待刚猛一般是柔中带刚、刚柔相济化解矛盾，追求和谐为第一目标。先礼后兵，后发制人，中国人善于静，喜静而少动，善观察思索，所以中国人在几千年的发展中，无论是物质文明还是精神文明都有着独特、独到的哲理、文化，是人类文明的瑰宝，是在以和谐理念为基础上的产物。中国古代春秋战国其思想、文化、文明达到顶峰，孔子、孟子、老子、庄子等诸子百家都是在那个时代产生的。中华东方文化把儒家文化定为国文化，是与中华悠久历史中长期存在的安详和睦，追求自然和谐是密不可分的。中国人长期的生活环境决定了他的文化信仰、文明发展，奠定了以和为贵的主基调。而中国传统商人诚信文化所要求的忠厚为本，宅心仁厚；见利思义，以义求财；名以清修，利缘义取；以义主利，以利佐义，都体现了中华民族追求和谐的精神诉求，强调人与人、义与利、贫与富之间的平衡协调，强调财富猎取与分配的相对均衡。任何见利忘义，以假乱真，以次充好，坑蒙拐骗，为富不仁所以被人们唾弃，就在于它从根本上破坏了这种协调和平衡。道教所以是中国最古老的宗教，就在于它崇尚自然，更崇尚和谐，一切阴阳和合、自然界的生克循环、五行八卦、日月星辰的二十八宿、天罡地煞、天人合一，只有达到天、地、人的和谐才能实现"道法自然"，实现人与自然、人与人的和谐相处。道是保护华夏不被邪恶所制，不受列强所并的护法大教，护国大法，也是护商大法。中国传统商人诚信文化所要求的经商业贾要顺天时、顺自然、顺国运、顺天道，正是"大隐隐于市"的道教精神的集中体现，当然成为中华优秀传统文化的重要组成部分。

再次，中国传统商人诚信文化体现着中华民族兼收并蓄的博大胸怀。在农耕为主的国度，土地是人们赖以生存的基本条件。而土地广袤无垠，山川起伏，江河横流，海浪拍岸；加之民族杂居，风俗不同，南甜北辣，北车南船，这种自然构造，形成了中华民族有容乃大，海纳百川的广阔胸怀。使中华民族可以坦然面对千年发展历程中的风风雨雨，分分合合，即使有割据战乱，汉胡纷争，最终还是千流归海，四海归心，保持着大一统的国家形态和民族风貌。中国传统商人的诚信文化所要求的吃亏是福，和气生财；临财不苟，不索回报；内不欺己，外不欺人；财自道生，利缘义取；知足不辱，知止不殆；宽厚存心，趋义避财都是中华民族宽厚仁义、包容和合精神在商业领域的具体表现，表现了中国传统商人长线远鹤，贵在久远的经营智慧和博大胸怀。四季的循环往复，稼禾的生生不息，生命的短暂绵延，厚德载物，大行德广，给了中国传统商人穿透历史笑看人生的睿智眼光，使他们以知足常乐，弩而不贪的平和心态看待商业经营中的聚散阀阅，盈利亏折，从而保持着连绵悠长，不绝如缕的发展态势和恢弘博大、起落奋发的人脉气场。这与西方诚信起源于海洋狩猎，海上风云变幻，陆上人兽搏斗，生命得不到保障，受达尔文弱肉强食、物竞天择进化论影响极大，趋于竞争，富于攻击性，"我死后哪管它洪水滔天"的自私心态有本质的区别。当然成为中华优秀传统文化的重要组成部分。

最后，将传统商人诚信文化纳入中华民族优秀传统文化组成部分，是对传统文化进行科学梳理、深入挖掘的必然产物。中华民族优秀文化自夏商周形成雏形以来，就以农耕文化为主脉全面展开。而农业生产的小农经济耕作模式，"鸡犬之声相闻，民至老死不相往来"从根本上制约了商品经济的发展空间和余地。小农经济的耕织结合、纺织结合的自然经济结构坚实基础以及由此而产生的"劳动时间的巨大节省"，又对商品经济产生顽强的反抗，加之历代官府的"重农抑末"和"贱商"政策，使商品经济像"伊壁鸠鲁的神存在于世界的夹缝里一样"，不占社会生活的主导地位，商人及其商业文化被压制在社会的最底层，上不了台面。春秋战国时期，虽然百花齐放，有过白圭、计然之术，范蠡、子贡之富，汉代有"盐铁之争"显露了一丝商业的活泼气象；但也很快昙花一现，被淹没在重农、贵粟的主流文化之中。魏晋隋唐虽然有了不少咏叹商业的诗句，也终不过是文人骚客的即兴之作，并没有形成系统的理论，也没有得到社会的认可和重视。真正使中国商人及其商业文化撩起面纱，从幕后逐渐走向前台，是明清商品经济发展，市场经济因素产生以后，社会逐步形成重商的风气，大量儒生"弃儒从贾"，将儒家理论运用于商业经营，开始对商人经营的经验进行理性总结，中国才有了比较成型的商业理论和制度伦理范式，就这也还因为商人逐利求富的特点，而没有走出"奸商"、"蠹虫"

的社会传统定位。进入近代后，西方列强的船坚炮利和商品侵略，才使中国人被暴力惊醒，提出"商战竞胜于世界"的口号，使商业及其商业文化被提升到关系国家兴亡的高度，商人们幻想通过发展商业"外御列强，内建民国"，把中国引向光明，结果都因为政府腐败，社会黑暗而归于失败。新中国成立以后，照搬苏联，计划经济同样压制了商业的发展，将商人列入资产阶级被改造之列，小商小贩也作为资本主义尾巴被割得一干二净。

真正使中国商人及其商业文化扬眉吐气、呼风唤雨、自强求富的是改革开放的春天。改革开放三十年，商品经济发展，社会主义市场经济体制的初步建立，使全社会第一次清醒地认识了商业在以贫求富过程中巨大的历史能动作用，看到了商业不仅连接产销，而且增殖价值，创造财富的现实创造功能，商人也因其财大气粗而成为引导社会进步的基本力量之一，受到社会的尊崇；中国经济以其世界第二经济实体的骄人成绩而和平崛起，备受世界瞩目；中国商业以其占中国GDP总量的70%的强势而招摇世界。一个被海洋文化压制了数百年的中华文明经过休养生息而蓄势待发，即将成为引领世界的主流文化。而在中华文化中，中华商业文化备受社会关注，尤其是传统商人的诚信文化更是放射出耀眼夺目的光芒，在中华商业文化中占据着显要的地位。在这种情况下，科学耙梳、深入挖掘中国传统商人的诚信文化，整理中国传统商人的诚信文化遗产，用中华民族特有的诚信精神，呼唤社会良知的回归，整饬社会不良行为，净化人们的灵魂，就成为弘扬中华民族优秀传统文化的重要组成部分，就成为复兴中华民族的题中应有之义。

第六章
中国传统商人诚信文化遗产的局限性

　　诚实经营、以仁求财是中国传统商人留给我们的珍贵的历史文化遗产，它对于构建以诚信为主要内容的市场规则提供了历史文化基础。但是，传统商人的诚信文化是建立在自然经济为主体，市场经济因素不够发达基础上的市场行为规范，反映了传统社会对商业经营行为和道德的诉求，本身具有不可避免的局限性。在我们建立社会主义现代市场经济体制和规则时，对传统商人的诚信文化遗产不能不加批判地全盘继承，而应当去伪存真、去粗取精，有所为有所不为。因此，剖析传统商人诚信文化的局限性，对于建立社会主义市场规则有理论和实际意义。

第一节
传统商人诚信文化发育不良的历史前提

诚信作为社会经济制度和社会道德规范，是以发达的社会信用和公德范式为存在和发展的前提。而中国传统社会是以自然经济为主，有限利用商品经济的社会经济结构。在这种经济结构下，自然经济顽强限制和抵抗着商品经济的发展，为商品经济发展留下的缺口和余地极为有限。社会生产方式是家家三十亩地一头牛，"鸡犬之声相闻，民至老死不相往来"，经济交往和产品交换都极为有限。尽管由于人口众多，交换总量并不低，甚至可以名列当时世界的前茅，但归结到每一个经济主体，依然停留在"养生送死之具已足，仅家无盐井耳"的低层次水平，这种情况从春秋战国到解放初期都没有太大的改变。商品经济的低水平发展，从根本上制约着社会经济交往和社会信用的发育。因为，没有卖就没有买，社会需求总量从根本上制约着社会的供应总量。就是供应总量，也还是停留在"留下一亩种豆子，换回豆腐换回油"，"打得柴来街前卖，换得油盐换得茶"满足生活所需的谋生层次，还不可能产生大规模通过交换追求价值增值以谋利的经济冲动。这种经济交往和商品交换的低水平和低层次发展，是制约中国传统商人诚信文化正常发育的经济原因。

在自然经济占主体的传统社会里，经济交往的内在驱动乏力。社会经济实体对内是"一村为两姓，世世通婚姻"，对外是"家家守村业，白头不出门"，经济交往的有限性从根本上制约着社会流动的频度，形成社会交往的停滞，使中国传统社会只能是乡土社会。人们的交往以血缘关系为纽带，其外延从亲缘的姻戚姑舅充其量扩展至乡缘的乡亲里党，"亲不亲，故乡人"，交往方式被限制在"走亲访友"、"乡里乡亲"的层面，从而形成"熟人社会"的特征。在熟人社会里，人们的交往无非"方圆十里，早出晚归"，低头不见抬头见，交往和信用只能是以个人交往和个人信用为主，并且"安土重迁"的村社制度又为这种个人交往和个人信用提供了财产安全的保障。这便决定了传统商人的诚信带有极强的亲缘性和地域性，诚信在很大程度上是熟人之间提供的相互信用，无非亲朋好友。就是在赊欠交易的方式下，也是熟人之间的赊欠，而不可能产生全国乃至于世界范围内的赊欠。清代末年，陕西长安县引镇的"益善德"药铺，以诚信而远近闻名，掌柜在店内挂一小黑板，上书赊欠者的姓名和钱数，欠者清账，自己擦掉，掌柜绝不追缴。①就是这样，也是以该镇方圆十里为限。否则，追缴拖欠的成本太大，商人的诚信就失去了经济支撑。因此，经济和信用以个人为基础，没有产生大规模的以社会契约为前提的社会交往和社会信用，是造成传统商人诚信停留在熟人和地域层面的社会原因。

到明清时期，商品经济发展，市场经济因素萌芽，各地的地域性商帮纷纷崛起，承担着全国不同经济区域之间的商品流转，商人们涉道路，跨州县，辑理南北之财，挟资江湖，奔走天涯，开始冲出熟人社会，向一个陌生社会进军，表现了中国社会历史的进步。但刚刚走出熟人社会的商人们对陌生社会是充满了恐惧的，面对完全不熟悉的生活方式、风俗习惯、地域方言以及生疏面孔充满了不安全感，致使他们不得不转过头去向熟人社会寻求心理保护和灵魂慰藉，通过乡情亲缘关系的脐带来吸取在陌生社会生存的勇气和心灵安慰。河南沁阳山陕会馆《重修关帝庙碑记》对客商在异地求财的不安全心态有真实的描写："秦晋人商贾于中州甚多，凡通都大邑巨镇皆曾建关帝庙……抑去父母之邦，营利千里之外，身与家相睽，财与命相关，祈灾患之消除，惟仰赖神灵之福祐，故竭力崇奉。"②在这种情况下，商人们通过建造会馆，在异地他乡重构一个熟人社会，连会馆的建筑样式都是故乡生态的复制和摹写。这样，会馆成为商人们在陌

---

① 《民国时期长安引镇的商业》，载《长安文史资料选辑》第二辑，1982年版，第121页。

② 《沁阳县志》卷十《艺文志》，道光四年（1824）刻本。

生社会的"异乡家园",商人们离开熟人社会又走向一个新的熟人社会,始终没有剪断与熟人社会的根系关联。清代苏州《新修陕西会馆碑记》对这种熟人社会的重构溢于言表:"吾乡幅员之广,几半天下。微论秦陇以西,判若两省,河渭之间,村墟鳞栉,平时有不相洽者,一旦相遇于旅邸,乡音方语,一时荡然而入于耳,嗜好性情,不约而同于心。加以岁时伏腊,临之以神明,重之以香火,樽酒蓝脯,欢呼把臂,故乡骨肉,所极不忘耳。"①所以,明清以后,工商会馆的大量出现,一方面说明中国传统商业的进步,另一方面也深刻揭示了中国传统商人人格和心理发育的不成熟性,这是中国传统社会商品经济在总体上发展水平低下的必然产物。所以,中国社会直到明清并没有走出熟人社会的窠臼,中国传统商人像一个背着壳的蜗牛,在自己熟悉的土地里缓慢地爬行,而没有像资本主义的"飞鸟"那样振翅高飞于无际的蓝天。这就从根本上制约了社会信用的发育和社会诚信的生长。

在自然经济为主体的传统社会里,为了维护经济和社会的正常持续,官府将"劝课农桑"作为为政之本,采取重农抑末的管理体制。在这种体制下,商品经济被限制在不妨害自然经济安全的范围内,为防止"弃农经商",官府对商人采取打压政策,士农工商的社会职业分层,将商人安排在社会最底层的不利地位,而历代连绵不断的"贱商"歧视,更使商人的社会存在雪上加霜。前文讲过,秦将商人与赘婿、囚徒同列。汉代商人不许衣丝乘车,魏晋南北朝更规定商人一脚穿白鞋,一脚穿黑鞋,近似于魑魅魍魉。宋代街市买卖人,各有服色头巾,各可辨认是何名目人。这种贱商的社会歧视,是传统商人挥之不去的心灵悲怆。

而前文所讲柳婢因事商人而如中风仆地,更可见商人社会地位之低下。在这种不公正的社会待遇下,必然导致商人产生心理逆反,出现自我作践式的人格断裂,一部分商人依机巧取利,靠欺诈求财,被社会鄙视为"奸商"。清人沈起凤所著《谐铎》记载一位新安商人的"致富秘诀",即先治外贼,后治内贼:"外贼有五:眼、耳、鼻、舌、身是也。

---

① 苏州历史博物馆:《明清苏州工商业碑刻集》,江苏人民出版社1981年版,第331—332页。

眼好视美色，娇妻艳妾，非金屋不能贮；我出数贯钱买丑妇，亦可以延宗嗣。耳喜听好音，笙歌乐部，非金钱不能给；我登乐游原听秧歌，亦可以当丝竹。若置宝鼎，购龙涎，无非受鼻之累；我闭而不闻其香，终日卧马粪堆，亦且快意。致山珍，罗海错，无非受舌之欺；我食而不辨其味，终日啖酸齑粥，未尝不饱。至块然一身，为祸更烈：夏则细葛，冬则重裘，不过他人美观，破却自家血钞；我上遵皇古之制，剪叶为衣，结草为冠，自顶至踵，不值一钱。此五者，皆治外贼之诀也。""内贼亦有五：仁、义、礼、智、信是也。仁为首恶，博施济众，尧舜犹病；我神前立誓，永不妄行一善，省却几多挥霍。匹夫仗义，破产倾家，亦复自苦；我见利则忘，落得一生享用。至礼尚往来，献缟赠纻，古人太不惮烦；我来而不往，先占人便宜一着。智慧为造物所忌，必至空乏；终身只须一味混沌，便可长保庸福。若千金一诺，更属无益；不妨口作慷慨，心存机械，俾天下知我失信，永无造门之请。此五者，皆除内贼之诀也。持此以往，百万之富，直反掌间耳。"①这一篇"致富奇文"，将一部分传统商人人格缺失、心灵扭曲描绘得淋漓尽致。它是阻止传统诚信文化在全社会普及的文化心理因素，并成为中国传统社会一方面存在诚信经营、仁义经商，另一方面又存在坑蒙拐骗、缺斤短两二元化商业文化结构的原因。

---

① 沈起凤：《谐铎》卷七，重庆出版社2005年版。

第二节
传统商人诚信文化发育的制度缺失

中国传统社会建立在个人和熟人基础上的信用，是以血缘、亲缘和地缘关系为纽带的信用，它反映了家庭、家族和乡党之间的共同利益关系，是一种基于血亲之间彼此信任，地缘内部相互了解的信用关系。这种地缘信用的最大缺陷就是排他性和狭隘性。它排除了非亲缘地域以外的信用关系，使诚信在一个非常狭小的范围内互动，超出这个范围便很难提供相互的信任。就是说，这种诚信是基于相互之间的熟悉了解才提供的信用。是一种有限信用，而非社会制度层面上的安排。比如晋商的票号业务，无论是存贷款还是汇总，主要是为本地或熟悉的商人服务。决定经济行为的不是制度，而是对人的了解程度。所谓"万两银子一句话"就是贷款时只取决于对借贷者的信任度，并没有制度保证。如果债务人破产还不上钱，票号也只好自认倒霉，一笔勾销。当商业关系还不复杂、贸易活动处于低级状态时，欠钱还不上债的毕竟是极少数，票号仍可以经营下去。但当贸易发达、商业关系复杂起来后，这种仅凭口头信任的关系就无法作为经济活动的基础而存在和发展下去了。

这种基于亲缘地缘关系和熟人认同的诚信，由于缺乏社会契约的制度保障，仅仅停留在口头约定的人格担保层面，常常具有不可靠性。最初信誓旦旦的诚信由于没有制度刚性的保护，而最终会扭曲为欺诈行为，这在明清以来的商业史上屡见不鲜。清人檀园主人编撰的小说《雅观楼》就记载了一个连环欺诈的故事：说的是扬州有个商人叫吴文礼，做些经手借贷、房产交易的营生，不三年，就盘剥到千金有余现物。他又开个钱庄，店号文盛，在一卖盐西商（山陕商人）对门。这西商在扬多年，卖盐为业，约有二三十万金盐本，与文盛公换银钱交易。吴善于周旋，外面朴实，有大宗银两与伊倾换，毫厘不欺，西商信为正人君子。一日，西商闻得银主要来扬盘账，有收本之意。西商私下赚得十余万金，意在独得，不便入公，思量要隐瞒十万金，无处寄放。因见吴为人周正，密约吴至家，西商膝地恳求："寄放本银十万两。事平来取，当有重报。"次日西商即检点账簿内凡可隐匿者，陆续交存文盛钱庄，不半月间，已得十万金之数，家人不知。况且纸片财物，毫不惊天动地。吴某收下这宗银子后，见钱眼开，有意侵吞，另更店号为大盛钱庄，所有西商寄放之件，都存大盛号，一分生息。另迁一所僻静房子，更名钱士俊。一月后，西商到对门闲坐，旋问："贵东有何公干？"伙计遂将旧东过店、新东某某更名大盛、旧东迁居某处，一一说知。西商大惊，次日大早，西商仍带短童到门。西商不耐，即开言说："托收存之项，连日事定，早晚来取，仍当重谢。"钱士俊做大惊状，说："与台翁丝毫无欠，有何存项？有何凭据？可有文盛印票？"西商听如此言语，明系抵赖侵吞，有口难分。只得自悔晦气，终日抑郁，不数月抱疾而亡。①这则故事中，西商"奸伙欺东"在前，吴文举"赖银欺诈"在后，西商仅依"吴为人周正"的感觉将十万银票藏匿吴处，而吴则以"空口无凭"进行抵赖，致使西商财尽人亡，充分说明了口头约定的非可靠性。

虽然在明清时代，由于市场经济因素的滋生，商家之间的契约担保已经十分普遍，但是由于这种契约没有得到社会制度的认可，缺乏法律的强制担保，只是商人之间的人格认同，仍然无法抵御商场的欺诈行为。仍以前举明清时期山商人的山陕一则合约进行分析。

合资合约

立约人×××、×××等，窃见财从伴生，事在人为，是两人商议，和本求财，当凭中见（××）各出本银（×两）作本，同心揭胆，营谋生

① 檀园主人：《雅观楼》第十一回，道光元年（1821）维扬同文堂刻本。

意。所获利息，每年面算明白，量分家用，仍留资本以为源渊不歇之计。至于私己用度，各人自备，不许扯动此银并混乱账目。故特歃血定盟，务宜一团和气，苦乐均爱，慎无执扯争忿不得积私肥己。犯此议者，神人共愤，今恐无凭，立此合约，一样二纸，为后炤用。①

这则合约将合资人的权、责、利各个方面规定得都比较详尽，唯独没有监督和制约惩罚条款，仅一句"犯此议者，神人共愤"，这只是人格和道德层面的软约束，而缺乏制度理性的强制，空洞无力。所以商事经营中依然大量存在"有约不依"、"契同废纸"的违约和毁约行为。检索明清以来的商事类书，这样的事例比比皆是。如明代《妙锦万宝全书》记载："某人借去白子，实从尊谕，不敢拒也。原约某时掷还，未蒙惠及，烦赐一言催督。"又如《饮香尺牍》记载："立茂旧欠，年内分厘不偿，屡次取讨，伊竟置若罔闻，殊非情理。"《江湖尺牍辑要》记载："弟客岁在某行贾货，尚该价银若干，弟自有事急回，未经向兑，岂彼乘旋归。竟不兑寄，情属可恨，谨将原期票据附上，乞仁兄代弟向兑觅寄。"②这些"有约不履"、"原约掷还"的事实，充分说明了传统诚信缺乏制度支撑和法律保障的现实。所以，民国时期出现的一些商业教育书目就告诫商人，市场有风险，贷款需谨慎。如《日平常》中就写道："赊账多，运难传，执一又恐碍情面，君子赊去早归还，无耻一赊便挂欠。始赊时，赔笑脸，过后讨钱躲不见，时常志取古人言，千赊不如八百现。"③

而现代社会的诚信是以社会契约的制度为基础，制度让不认识的人相互信任从事经济活动，是一种无限信任。例如，现代银行不是只向熟人放贷款，而是实行抵押贷款及其他相关的制度（如根据还款记录评信贷级别等），从而业务就可以无限做大。这正是传统社会诚信落后于现代社会诚信的地方。

---

① 冯梦龙：《燕居笔记》卷五（下），上海古籍出版社1990年版。

② 刘秋根：《中国工商业、金融史的传统与变迁》，河北大学出版社2009年版，第172—177页。

③ 王振中：《徽州社会文化史探微》，上海社会科学院出版社2002年版，第341页。

第三节
传统商人诚信发育的公德缺失

道德是人们为了群体利益而约定俗成、共同遵守的行为规范。公德一般是指存在于社会群体中间的道德，是生活于社会中的人们为了群体利益而约定俗成的行为规范。私德是指存在于小于社会大众的小群体或个人中间的道德，是人们为了维护小群体或自我利益而约定俗成我们应该做什么和不应该做什么的行为规范，它包括个人恩惠、私人生活上所表现的道德品质等。

中国传统商人的诚信是建立在个人信用基础上的个人行为典范，反映了社会生活中个人以及相互之间的道德节操。由于它自身无法突破亲缘性和地域性的限制，而没能普及为社会公众普遍认同和共同遵守的行为操守，也即是说传统商人的诚信只是商人个人的良好私德，是商人个人优良品质的体现，而非全社会普遍约定俗成、共同遵循的公德。正因为如此，在弊窦丛生、欺诈遍地的商业经营和社会生活中，商人的个人诚信才显得难能可贵和显现出高风亮节的垂范。

尽管传统商人的诚信，在数千年中国的传统商业实践中，不绝如缕，作为一条红线闪烁着光芒，但它始终还是存在于个人私德的层面，而没有成为社会公众约定俗成普遍恪守的行为规范。这是封建官府长期以来对商业经营采取自由放任管理政策的一个恶果。尤其是明清以后，由于市场经济因素滋生所特有的利益驱动冲击，使传统道德陷入了难以为继的尴尬局面。有人记述明清以后社会道德失范的情形是：出贾既多，土田不重，操资交睫，起落不常，能者方成，拙者乃毁，东家已富，西家自贫，高下失均，锱铢必竞，互相凌夺，各处张皇。于是诈伪萌矣，讦争起矣。[①]在这种道德失衡的社会环境下，传统商人建立在个人信用和个人私德基础上的诚信更显得云霄星散，摇摇欲坠。

凡此说明，现代市场经济下诚信规则的形成，必须是在政府倡导下，在进行包括诚信在内的社会主流道德观普遍教育基础上，由全社会约定俗成的行为规范，才能起到应有的作用。

---

① 顾炎武：《天下郡国利病书》第三册，上海科学技术文献出版社2003年版。

第四节
传统商人诚信发育的法律缺失

首先，中国传统社会长期以来是"人治"社会，法制不够健全，商人们的诚信得不到法律的表达和保护。自从禹传位给启以后，"朕即国家"的家天下体制随之确立，"普天之下，莫非王土；率土之滨，莫非王臣"，天下民人均为国王奴婢，没有任何自由与独立的人格可言，自由商人连作为社会人的"国人"资格都没有。迄至周代，从"敬天保民"的统治需要出发，由周公设计了一套主要以长幼有序、尊卑有别的伦理制度为内容的"六礼"即周礼，使中国开始进入漫长的"礼治"社会，人们从生而不平等的人身等级秩序出发，遵守所在层次的行为礼数，不得僭越。到春秋战国，天下大乱，礼崩乐坏，"弑父三十六，亡国七十二，诸侯奔走不保其社稷者不可胜数"，此间兴起的法家，从"乱世用重典"的实际需要出发，以法律为武器，帮助新兴的统治者建立起新的统治秩序。但法家的严法酷律与中国人向往的"和谐"、"中庸"相去甚远，搞得民怨沸腾，怨声载道，"天下苦秦久矣"，到汉武帝"罢黜百家，独尊儒术"，以伦理道德作为处理人际关系准绳的儒家成为社会主流的统治思想，社会遂进入了一个以伦理道德评判为主，杂糅法律保护为辅的"德治"社会。在这样的社会里，处理人际关系和人际矛盾的基本准则是伦理道德，法律虽然存在并不断完善，尤其是处理官商关系的《商法》亦存在并还在发展之中，但仍然是官府统治商人的权利维护和意志表达，是"官法"而非"私法"，是"公权"表达，而非"私权"申明。

秦汉以来，虽然官府对商业、市场管理的条例一再翻新，不断细密，也只是官府要求商人的行为底线，而不是商人意志的主观表达。所以，几千年来中国社会对涉及维护商人自身权利，商人自由意志表达为主要内容和目标的私法相当漠然，法律当中毫无权利思想的存在，更谈不上个人意志之自由表达与个人欲望之合理满足。无论是在日常交往当中，还是在商业贸易之时往往只强调良心、德行和人际信用，而对法律长期采虚无主义的态度，因此，梁启超先生在《论中国成文法编制之沿革得失》一文中亦指出："我国法律之发达，垂三千年。法典之文，万牛可汗。而关于私法之规定，殆绝无之。夫我国素贱商，商法之不别定，无足怪者，若乃普通之民法，据常理论之，则以数千年文明之社会，其所以相结合相维护之规律，宜极详备。乃至今日，而所恃以相安者，仍属不文之惯习。而历代主权者，卒未尝为一专典以规定之，其散见于户律户典者，亦罗罗清疏，曾不足以资保障，此实咄咄怪事也。"①这些使得中国传统商人的诚信得不到法律的表达和保护，就是会馆订立的行为规则也只是民间自发产生的习惯法或民俗法，而非国家的制定法，使之更多存在于个人德行的层面，而非全民必须遵循的行为规则和社会活动的底线。这是中国传统商人诚信落后于现代诚信的一个重要表现。

其次，中国官府长期实行的阻民告状和官批民调体制，也使得商人远离法律。诚信得不到法律的有力保护，非诚信也得不到官府的及时惩治。在中国传统社会，虽然也有商法市律来保证官府对商业和市场的管理，维护社会的正常秩序，"朝廷有法律，乡党有条约。法律维持天下，条约约束一方"，②同时也允许民间有纠纷可以"禀官究办"，按律例维护社会正义。但在法律的操作层面，在贱商的传统体制下，官府对于商事及其商事纠纷认为是"鼠牙雀角"之事，常常不予理睬。并且为保证官府不为市井琐事支付较高的行政成本，实行阻民告状的"止讼"政策，明洪武三十一年（1398）颁布国家法令的《教民榜文》就规定："民间一切小事，不

---

① 范忠信主编：《梁启超法学文集》，中国政法大学出版社2000年版，第120页。

② ［日］滋贺秀三：《明清时期的民事审判与民间契约》，法律出版社1998年版，第158页。

许辄赴告官，务要经由本管里甲老人理解"，①《大明律例》还规定：严禁细事直告官府，否则即为"越诉"。地方官府则实行"争讼不扰官府"的"息讼"政策，有"告状不准"和"农忙止讼"的规定，致使商民有纷难纠，有冤难申。同时，传统中国司法资源缺乏，诉讼成本极高，山东曲阜孔庙就有《忍讼歌》细数诉讼成本："世宜忍耐莫经官，人要安然亦安然。有人挑唆到官前，告也要钱诉也要钱。差人奉票又奉签，锁要给钱开也要钱。行到州县细盘缠，走也要钱睡也要钱。约邻中正日三餐，茶也要钱烟也要钱。三班人役最难缠，审也要钱和也要钱。自古官廉吏不廉，打也要钱枷也要钱。唆讼本来是奸贪，赢也要钱输也要钱。听人诉讼管事完，田也卖完屋也卖完。"②这种极高的诉讼成本，"一场官司一场火，任你好汉没处躲"，也使商人"有理不告状，屈死不鸣官"。加上中国传统社会没有民法典和民事诉讼法典，民法常常夹杂在刑法之中，官员无律例可循，商事纠纷常常是"以刑代民"，"以民事起，以刑事终"，得到的是严刑峻法的惩治。这便割断了商人与法律之间的合法联系，使诚信得不到法律的及时保护和支撑，在商事与法律之间存在事实真空。对此，清代光绪皇帝上谕说得很到位："惟中国商民，平日与官场隔阂，情谊莫能邃乎，而不肖官吏或且牵制仰勒，甚至投关完税，多所需索，商船验收，到处留难，遇有词讼，不能速为结断，办理不得其平，以致商情不通，诸多阻滞。"③这种没有国家定法随时援助的诚信自然没有强制性，起不到抑恶扬善的普世作用。这是中国传统商人诚信落后于现代诚信的又一个表现。

再次，中国传统社会长期的乡土社会，民间自治，也使商人法律观念淡薄，不能正确使用法律武器对诚信进行维护和推广。传统中国国土辽阔，秦以来的郡县制行政管理只到州县一级，县以下的广大农村基本实行民间自治。这是因为中国三面环山一面临水的国土构造，周边环境的相对封闭性和中原环境的相对完整性，从远古西伯利亚刮来的黄土堆积，颗粒松散，适合作物根系向下生长，加之"一江春水向东流"的水系统一，使

---

① 陈会林：《地缘社会解纷机制研究》，中国政法大学出版社2009年版，第211页。

② 常怡：《中国调解制度》，重庆出版社1990年版，第72页。

③ 《东华绪录》，光绪二十五年（1899）九月。

中国大地适宜农耕，人们勤于农亩，安土重迁，家乡构成基本生活单位。家是血缘关系和亲缘关系的结合体，家与家之间共同存在于地缘乡土之上，人们"聚族而居"，"乡里乡亲"，血缘亲缘关系混合了地缘乡土关系后变得更为浓厚，更具有"根"的意义。使中国民间呈现出"乡土社会"的构造，"有千年不变之村庄，有千年不变之祠堂，有千年不变之家谱"，人们形成浓郁的乡土观念，"亲不亲，故乡人"，见面问候无非"尊姓大名"，"何方人氏"，前者是亲情，后者是乡缘。这种血缘、亲缘和乡缘的多重纠葛，使乡土亲情可以维持一方的清净安详。所以，中国传统社会乡以下基本实行民间自治，秦汉有"啬夫"，隋唐有"里正"、"方正"，到明清后农村有"乡约"，城市有"会首"代替官府实行管理，"公庭之曲直，不如乡党之是非"，乡情具有弥合商务纠纷的功能。商务纠纷在乡民自治的体制下，"以和为贵"，"劝民不争"，息事宁人，不能有效保护当事人的正当利益。清代著名文人蓝鼎元任潮州府普宁县知县时，对一桩兄弟财产案的解决办法就是将二人用铁链锁在一起，同吃同住，结果"自动天良，至于涕泪相让"。[①]这种乡土社会，民间自治使商人多为亲情束缚，法律观念淡薄，不能理直气壮地用法律的武器维护自己的合法权利，诚信的行为底线也得不到法律的响应。上例所举《撖青杂说》茶肆主人拾金不昧的故事中，主人对失主说："官人想亦读书，何不知人如此？义利之分，古人所重，小人若重利轻义，则逆而不告，官人将如何？又不可以官法相加。"这里"不以官法相加"就典型说明了传统商人法律观念的淡薄。

另据同治江西《新城县志》记载，新城商人邓兆龄"尝置产，某绅居间，为所绐，空费千金。或劝之讼，辞曰：'吾但破钞而已，讼即累某绅名也'。"同邑涂肇新晚年家居，不轻易出，"尝付巨金与伙某往吴营贩。某荡其资，买二妾回。或嗾涂栻某送官。新笑曰：'彼虽不义，但取我之财，而致彼败名丧命，何忍乎？'竟置不理"。他们不是运用法律武器来维护自己的权益，而是一味的宽容，反倒认为破财可消灾，更说明商

---

① 蓝鼎元：《刘公案、蓝公案》，燕山出版社1996年版，第566页。

人法律意识的薄弱。①

　　著名的日升昌票号和合盛元票号是一对"相与"，日升昌票号北京分号曾为合盛元北京分号借贷担保。但合盛元北京分号因经营不善，欠债难还，当债主逼上门时，合盛元北京分号经理竟仓皇逃回祁县总号。日升昌受牵连了，当局要求"相与"负责，这无疑加速了日升昌的倒闭。与日升昌一样，榆次常氏也是吃了诚信的大亏。主做俄蒙贸易的常氏，在俄商手头拮据，无现钱买茶叶时，便同意赊欠，结果多达140多万两白银。后来，这些俄商大多赖账不还。虽费尽周折，仍所收无几，从而造成了无法挽回的巨大损失，直接造成了常氏的衰败。这些都是碍于情面，不敢也不会运用法律的武器来捍卫自身利益的熟人社会的表现。②

　　这是传统商人诚信与现代诚信所要求的以法律程序为依托，以法律为准绳相比又一个不足之处。

---

①　同治《新城县志》卷二。

②　宁一：《中国商道》，地震出版社2006年版，第37页。

第七章
中国传统商人诚信文化的现实启迪

自从"现代经济学之父"亚当·斯密从经济"理性人"假说出发，创立市场经济理论以来，利益和道德就构成一组难以说清的矛盾。连亚当·斯密本人也在他自己所写的《国富论》与《道德情操论》的纠结中忧郁而死。

第一节
社会主义市场规则形成的历史基础

自从"现代经济学之父"亚当·斯密从经济"理性人"假说出发，创立市场经济理论以来，利益和道德就构成一组难以说清的矛盾。连亚当·斯密本人也在他自己所写的《国富论》与《道德情操论》的纠结中忧郁而死。从那时起，西方对利益驱动而引起的社会道德堕落的批判不绝于耳，法国的"重农学派"就认为货币是万恶之源；一些文学作品对货币的罪恶揭露得淋漓尽致，呼唤社会的良知与正义。莎士比亚在他写的《雅典的泰门》中就深刻批判了欧洲的"钱神论"，他写道："黄金，一点点，可以使黑的变成白的，使错的变成对的，以至于可以使鸡皮黄脸的寡妇重做新娘"；后来的巴尔扎克、雨果等人在《老古玩店》、《邦斯舅舅》、《悲惨世界》、《巴黎圣母院》等作品中，对资本家的锱铢必较，嗜钱如命本性给予了揭露。其中尤以马克思的理性批判最为深刻。马克思认为资本主义的本质就是"金钱万能"，"一切向钱看"。他指出："资产阶级在他已经取得了统治的地方，把一切封建的、宗法的和田园诗般的关系都破坏了。它无情地斩断了把人们束缚于天然首长的形形色色的封建羁绊，它使人和人之间除了赤裸裸的利害关系，除了冷酷无情的'现金交易'，就再也没有任何别的联系了。它把宗教热情、骑士热忱、小市民伤感这些情感的神圣发作，淹没在利己主义的冰水之中。它把人的尊严变成了交换价值，有一种没有良心的贸易自由代替了无数特许的和自力挣得的自由。"①自那以

---

① 马克思：《共产党宣言》，人民出版社1974年版，第27页。

后，资产阶级虽然试图通过法律手段来规范人们的市场行为，靠诚信的法制化来清洗人们的罪恶心灵，但也没有最后解决问题，依然无法阻止人们道德堕落的社会现实，以至于一些有良知的资产阶级思想家，如萨特就呼出了"上帝死了。我们活着。我们怎么办？"的悲情呼声。尽管而后的马克斯·韦伯想用"宗教伦理"来粉饰资本家的善良，但最近美国的"占领华尔街"行动，说明"神"对美国财产大亨们的心灵制约是多么可怜。

这也许是人类经济和社会发展过程中遭遇的最后的"滑铁卢"！

中国实行市场经济体制改革以来，也同样遭遇了"效益与道德"的魔咒和怪圈。一方面，社会主义市场经济体制的初步建立，利益驱动的刺激，魔法般地呼出了社会生产力的"现代魔鬼"，使中国社会经济保持了三十年高速增长的发展态势，创造了GDP平均7％—11％增长的世界奇迹，使一个贫困落后的中国，"旧貌换新颜"，迅速成长为世界第二大经济实体，充分展现了社会主义市场经济无比的生命力和光明前途。但是，由于效益与道德的古老矛盾，由于抓经济建设"一手硬，一手软"的偏颇，使社会在"一切向钱看"的冲击下，依然出现诚信缺失，社会道德底线下移的严重现实，中华民族传统的诚信美德被商业欺诈、制假售假、虚报冒领所代替，符合现代市场经济要求以诚信为主要内容的市场行为规则尚未建立起来，中国社会又一次陷入了"效益与道德不可兼得"的两难选择之中。以至于中共中央政治局常委李长春同志指出，中国当前的社会问题之一就是"见利忘义、诚信缺失等道德失范现象时有发生，封建迷信、黄赌毒等社会丑恶现象沉渣泛起"。

中国当前经济领域的"见利忘义、诚信缺失等道德失范现象"，表现形式是多种多样的。

首先是商业行为的见利忘义、诚信缺失。在追求利益的刺激下，企业市场行为诚信失范，国有企业的行业垄断和假账现象严重存在。国有企业依仗对国有资源的独占，霸气十足，利用垄断价格侵吞人们财富而无视社会责任，近几年反复出现的"石油涨价"，"油价飙升"充分暴露了国有企业的诚信缺失和对垄断暴利的贪欲。问题的严重性远不在于如此。而在国有企业利用假账来套取国家和人民利益，肆意分肥，将见利忘义演绎得淋漓尽致。国家审计局曾对1290家国家控股企业的资产损益表进行过分析，发现68％的企业财务报表存在严重不实，违纪金额超过1000亿元。而且企业之间非法造假、合同欺诈、偷税漏税、虚假报表、黑幕交易、价格陷阱、伪装上市等恶劣行为无不动摇着社会主义诚信的基石。有调查表明：目前银行告企业欠账胜诉率在95％以上，执行率却只有15％，三角债非常严重，目前全国约有1.5万亿元烂账存在。[①]

　　私营企业的见利忘义，诚信缺失更是胆大妄为，甚嚣尘上。集中表现在假冒伪劣产品层出不穷，坑蒙拐骗行为屡禁不止。近几年出现的毒牛奶、黑心棉、机油豆浆、地沟油、毒馒头将中国私人企业家良知的最后一点底线撕扯得荡然无存，使中国老百姓陷入了"万般皆为假，不知谁是真"的恐慌之中。有一位名叫"沙鹤"的私人烟店主，在网上写了一篇《烟酒店的故事·店小乾坤大》的博文，很真实地揭露了假货交易的层层黑幕，不妨赘录："一转眼开烟酒店八年了。这八年里面真的是形形色色的人都看见了。烟有真假之分，看卖的人良心如何了。按照他们烟草公司的行话来讲，烟吸进嘴里，这个叫吸口。各地的人吸口都不一样的，所以有些烟在甲地好卖，但是去了乙地却并不受欢迎。而且烟有地区差价，这样就造成了许多的二道贩子。现在的烟，条盒上都会有'××烟草专卖'的字样，或者贴烟草专卖的标记的。一般的，烟草属于国家计划控制商品，每一个地区的销量是远远大于供货量的。所以那些二道贩子的生活很滋润，因为他们有我们这些卖香烟的人在追着跑，而我们相应也不错，因为有那么多抽烟的瘾君子在供养我们。他们采取的惯用手法就是第一次给你真香烟，第二次就给你做工相当好的假烟，第三次就是全假的了。万一买的人发现是假的，他很爽气地就给你换，其实换给你的还是假烟。而且这种收下来的已经拆开的假烟，他们依然会有办法再送到做假烟的地方去翻新。他们拿来30块，卖出去200多，不要爽死啊！并且他们大多数是无证经营的，除了房租，又不要缴税，又不要诸多的各类费用，基本上就是

————————

　　①人民网2002年11月28日，（http://www.people.com.cn/GB/jinji/33/172/20021128/876998.html）。

纯利润了。"①这着实让我们大开了了解中国目前假货交易的眼界。这种假冒伪劣产品的泛滥，给国计民生带来了巨大的损失，据有关统计，全国每年由于产品质量低劣或制假售假造成的各种损失达2000亿元。

其次，是个人信用的见利忘义，诚信缺失。在"不说假话，办不了大事"的风气影响下，中国人视个人信用若废纸，借款赖账，逃废债务、走私骗汇、携资潜逃成为市井风光。有关金融机构所作的调查，目前银行业务中个人信贷的风险率已达15%左右。兰州农行一家金融超市的业务台账表明，截至2002年6月底，该超市提供汽车贷款应按月偿还本金和利息的166名客户中，能够按时足额交纳的只有84人！其余的少则拖欠一两个月，多则拖欠五六个月。银行由于逃废债承受的直接损失每年约1800亿元，由于合同欺诈造成的直接损失约55亿元。有统计说，近几年我国因信用问题造成的经济损失高达5855亿元，这5855亿元相当于中国年财政收入的30%以上。交易中因信用缺失、经济秩序问题造成的无效成本已占到我国GDP的10%—20%，国民生产总值每年因此至少减少两个百分点。

这些触目惊心的数字说明，构建以诚信为主要内容的社会主义市场规则，重建社会主义的诚信道德规范，努力营造诚实、自律、守信、互信的社会信用环境，保护人民的合法利益不受损害，已经到了刻不容缓的地步。

在这种情况下，中国传统商人诚信文化凸显出无比的生命力和强大的现实作用。

首先，中国传统商人诚信文化是在中国本土文化的土壤中，由中国传统商人依据对市场经济规律的认识经长期实践形成的经验总结。中国传统商人诚信文化是从春秋战国到明清时期的漫长岁月中，在西方资本主义文化尚未传到中国以前，由中国传统商人依据自身的实践独立的历史创造。它既体现着人类共有的诚实、善良、守信、公平、平等等普世原则，又浸润着中国传统文化特有的"公道、和谐、责任"的灵空之气和对生命本质的终极关怀，充满了中国传统文化厚重的历史质感。与西方的海洋文化不同，中国的农耕文明"春种一粒粟，秋收千颗籽"，土地本身的特性就包

---

① 天涯经济频道(biz.tianya.cn)。

含着对诚实勤劳的要求，而农业生产的季节性，按季播种，不误农时，又养成了中华民族守时尊信的性格特点。所以，诚信是中国传统文明所富有的本质特征。

物质文明的发展水平和发展程度决定着精神文明的发展水平和发展程度，中国人把它精确地概括为"仓廪实而知礼节，衣食足而知荣辱"。在传统中国，中国人将小农经济技术手段所能达到的水平和高度发展到极致，从而也就将小农经济下诚信道德和制度所能达到的水平和高度发展到极致。因而，只有在中国才会出现"尾生抱柱，杀身守信"的生命极致。当这些祖祖辈辈在黄土地上搞饭吃的农民，离开农村，弃农经商，转化为商人时，并没有割断他们与农业的血脉联系，他们的身上还流淌着农民诚实淳朴的文化血液，自然会把诚信的传统美德传承到商业经营的各个方面，使诚信成为中国商业千年流淌的主流文化。正因为如此，中国传统商人才能为一个"诚"字，生死相随，忠诚不已（青州贾）；才能为一个"信"字，抛妻别子，十年不归，求财赎友（吴保安）；才能为一个"知"字，藏券于心，携资还债（徽州贾）；才能为一个"良"字，切腹抛肠，以明其志（山西贾）；才能为一个"直"字，不还人债，死不瞑目（陕西贾）。这些都闪烁着人类永恒的生命光辉，咏叹着人类本善的良知绝响，自然会为我们构建以诚信为主要内容的市场行为底线提供强大的传统文化支撑，为我们重建社会主义"守信光荣、失信可耻"的道德规范铺垫厚重的历史文化营养。

其次，中国传统商人诚信文化的初期制度安排，为构建以诚信为主要内容的市场规则和社会征信制度提供了制度模板。中国传统商人的诚信，发展到明清以后，由于市场经济因素的产生和发展，开始走上制度化的道路，这就是各行各业自发厘定的"商事习惯"和各个地域性商帮通过他们的会馆，聚众公议厘定各种规范市场的诚信制度，并通过值年、会首乃至于商人大会监督这些制度的执行情况，奖优罚劣，维持市场经营的正常秩序和保护商人的共同利益。这才是传统商人留给我们最珍贵的历史文化遗产。这些传统商人厘定的旨在维护诚信的制度规定，有很高的理论、历史价值和实践上的可操作性。从理论上讲，它是中国传统商人对市场经济因素发展规律的认识成果，并且上升到"贾道"的高度，正如明代初年陕西商人樊现所言"谁言天道难信哉。吾南至江淮，冠弱之患独不一者，天监吾不欺尔！贸易之际，人以欺为计，予以不欺为计。故吾日益而彼日损。谁谓天道难信哉。"这里，传统商人已经把诚实不欺上升到"天道"的高度，后来另一位陕西商人康銮更把诚信明确地纳入"贾道"的范畴，"彼不知贾道也。直而后贾，此庸贾求不失也，可终岁不成一贾。凡吾所为，岁可数十贾，息固可数十倍矣！"要知道这是中国传统商人在14世纪达到的认识，体现了中国传统商人的职业自觉和职业自尊。而那时西方资本主义还没有走出黑暗的中世纪，这些认识成果在当时无疑是世界先进文化的代表。从历史上讲，传统商人会众聚议制定的这些诚信制度，并非官府定法，而是商人们从经商业贾实际需要出发自发形成的规矩方圆，充分体现了中国传统商人高度的自治精神和自我约束能力，是传统商人能动历史创造力的生动展现，集中表现了中华民族自强不息，富于创新的民族精神。而西方资本主义在16世纪以后才冲破了封建领主的羁绊，成为独立的社会自治团体，这无疑是代表了世界当时最先进的文化。

从操作层面讲，中国人的务实精神也使传统商人在厘定制度时，更注重它的可操作性，将制度的运行落实在实际的商业经营之中。如有违规的不诚信行为发生，由两造告知会首，凭会首秉公议定。《湖惠会馆两次迁建记碑》就对会馆调解商务纠纷，惩治违规行为，节省商务谈判成本有十分精到的议论："会馆之设，非第春秋伏腊为旅人联樽酒之欢，叙敬梓恭桑之谊，相与乐其乐也。非以贸迁货居，受廛列肆，云合星聚，群萃一方，讵免睚眦，致生报复，非赖耆旧曷为排解。重以时势交迫，津梁多故，横征私敛，吹毛索瘢，隐倚神丛，动成疮痏。虽与全局无预，而偶遇株累，皇皇若有大害，踵乎厥后，既同井邑，宜援陷阱，凡此当忧其所忧者也。纵他族好行其德，亦能代为捍卫，而终不若出于会馆，事从公论，众有同心，临以神明，盟之息垠，俾誧衅隙，同济艰难，保全实多……此会馆之建，所刻不容缓也。"①

而且，中国传统商人诚信文化自产生之日起，就十分重视它的互动

① 《上海碑刻资料选辑》，上海人民出版社1980年版，第331页。

性，从而为建立社会征信制度提供了可资借鉴的历史经验。明清以来，中国商业内部就有自律性质很强的"商事习惯"。例如开设新店的开设登记，"凡设立猪店者，曾有议规。……新开猪店者，在财神圣前献戏一天，设筵请客同行之人，方准上市生理"，"如不献戏请客，同行之人，该不准其上市生理"。其监督与执行，系各店轮流值年，每年公择一人助理值年，活动经费及"每年于三月十六日，公庆财神圣"的演戏费用，从"各店卖猪一口，积钱六文"中出。猪行的这种登记方式，颇具有代表性。"在财神圣前献戏"与"设筵请客"，①可以说是商事公示制度，使大家认识这个商号的从业资讯，并确定其从业资格，达到今天所谓开业登记的目的。与此类似的还有《湖南商事习惯调查书·商业条规》中有关山货店条规的描述："新开铺店，定规海席二桌，演戏一部敬神外，捐牌费纹银二十两入公，值年备办烛爆致贺。"②《上海市烛业同业公会业规》规定："新开设者，须于事前三日内，将该店牌号地址，店主经理姓名通知本会。"③另外还有关于注销登记和变更登记的相关规定。例如吴县纱缎经纪业行规中关于经纪人注销牙帖的规定："同业之中，或有不愿营生歇闲者，应将原帖缴付行头。"④湖南《窑货店条规》规定："铺店如有生意不遂，自愿停歇，必须预白同行，书立辞卸。"⑤《红白纸店条规》有规定变更登记的事项："现开之店，倘本人或加记、添股、更字，均上牌费钱三千二百文，两字全更，与新开同例，违者禀究。""歇业之后三年内者，仍诣庙庆祝，知单上不得书载名目，而三年内及子孙原牌复开，免上牌费。倘加记、添股、更字，牌费减半。两字全更，亦与新开同例，三年外者，毋得异言。"⑥这虽说只是在费用上的规定，但是可以看出，是用费用的手段来体现行业变更的效力，不能说这不具有现代意义上的变更登

---

① 彭泽益：《清代工商行业碑文集粹》，中州古籍出版社1997年版，第34页。

② 彭泽益：《中国工商行会史料集》，中华书局1995年版，第241页。

③ 孟森：《中国商事习惯与商事立法理由书》，中国政法大学出版社2003年版，第636页。

④ 彭泽益：《清代工商行业碑文集粹》，中州古籍出版社1997年版，第110页。

⑤ 彭泽益：《中国工商行会史料集》，中华书局1995年版，第331页。

⑥ 同上书，第327页。

记性质。除了这些之外，还有一种就是学徒拜师入行登记制度，也在行规中有所体现。《长善银号公议条规》规定："老板代徒弟……进师之日，预备海参席二桌，师俸纹银二十两，外请值年茶钱四百文。进师上会钱一串，出师上会钱一串，如有不尊公议者，外水无分。"①佛山《陶艺花盘行规》规定："四方君子到店学徒，以六年为满。每季入行银一十二元五毫"，该登记的效力，"此人未满六年，该店不准另入新人"。②

就是会馆，也有严格的登记制度。流寓商人进入会馆的第一件事，就是到会馆的门房进行登记，由会馆值年查验官府颁发的"腰牌"、"信照"等经商凭证，③因为清政府规定"若往来贸易，必取具行户邻右保结，报官给照，令塘汛验放始往"。④清代《松江府为所属七邑酱坊按照分定疆界计缸销引造酱货卖告示碑》中记载了不仅是经营官盐的商人，连经营盐类副产品的商人，都必须"取具认销商保结报，照官盐店之例，本商请给烙牌……以便稽查"⑤。这便留下了商人第一手最真实的资料。而且，会馆的这些登记簿要求一式两份，一份交官府存档备查，一份会馆留底以为记录。同时各会馆之间也互相交流信息，形成诚信网络平台。如广东佛山山陕会馆碑刻资料中就记载有汉口山陕会馆的资金和人员流动情况。⑥

这些由会馆、行会众议规定的诚信规章制度，虽然有一定的行会性和排他性，但却是进入市场经济社会必要和基本的制度准备。它为我们建立以诚信为主要内容富有中国文化特色的市场规则和社会征信制度，提供了学费最为节省的资料准备和可供实际操作的历史经验。

---

① 彭泽益：《中国工商行会史料集》，中华书局1995年版，第230页。

② 广东省社会科学院：《明清佛山碑刻文献经济史料》，广东人民出版社1987年版，第254页。

③ 穆瑛：《晋商历史资料汇编》，山西经济出版社2007年版，第128页。

④ 顾宪成：《泾皋藏稿》，上海古籍出版社1993年版，第113页。

⑤ 傅山：《霜红龛集》，山西人民出版社1985年版，第128页。

⑥ 广东省社会科学院：《明清佛山碑刻文献经济资料》，广东人民出版社1985年版，第217页。

第二节
传承中国优秀传统文化的重要内容

文化是一个民族的灵魂和血脉，是一个民族的精神记忆和精神家园，体现了民族的认同感、归属感，反映了民族的生命力、凝聚力。失去了民族文化传统，就如同浮萍，没有了根，就如同人，失去了灵魂，就如同流浪者，失去了家园。而民族文化传统的质量变异，主流价值边缘化，道德底线下滑，社会公信力下降，也会影响民族的可持续发展和国际竞争力。因此，文化认同与文化传承是民族赖以生存的基础和继续发展的前提。

中华民族是有悠久文化传统的民族，而且是文化认同与文化传承源远流长的民族。中华民族的优秀传统文化，经夏商周三代的雏形开始形成，到春秋战国时期的全面奠基。儒家思想、墨家思想、道家思想和法家思想，对中华民族的发展产生了重要影响，形成了中华民族精神的主要内容。中经秦汉的丰富和发展、魏晋南北朝"文化发展高潮过去后的平淡"，迄至隋唐达到全面辉煌。进入宋元后浪推前浪，迎来又一高峰。中国的四大发明中有三大发明在这个阶段。明清后进入尾声，承古萌新，西学东渐，开始向现代文明迈进。五千年文化血脉相连，五千年文明更新发展，说明中华优秀传统文化富有强大的生命力和永葆其不朽的青春。当巴比伦人建造古巴比伦城的时候，中国的孔子才六岁；而当五千年后，伊拉克烽火遍地，疮痍满目的时候，中华灿烂的民族文化却以其博大的精神内涵支撑着中华民族梅开二度，迎接民族复兴的光明春天。这些充分说明，文化是民族凝聚力和创造力的重要源泉，是综合国力竞争的重要因素和经济社会发展的重要支撑。

而在中华民族优秀传统文化中，中国传统商人创造的诚信文化又是一朵艳丽无比的奇葩，放射着夺目的光彩。它以其一言九鼎、言不二价、货真价实、戒欺戒诈、见利思义、宅心仁厚、忠厚为本、以义求财、以人为本、驽而不贪、吃亏是福、和气生财的丰富内涵昭示了中华民族自强不息、厚德载物的生命特质和文化禀赋，是护佑中国社会主义市场经济正常发育的精神动力和制度模板，是为世界商品经济发展增光添彩的灿烂华章。传承创新中国传统商人的诚信文化，对于提升中国在综合国力竞争中的地位，增强国家文化软实力和中华文化的国际影响力有十分重要的作用和意义。反之，如果中国传统商人诚信文化在我们这一代人手中失传，就会前对不起先人，后对不起后人，内对不起国人，外对不起世人。正像刘云山同志所指出的那样："任何一个国家和民族文化的发展，都是在既有文化传统基础上进行的文化传承、变革与创新。如果离开传统、割断血脉，就会迷失方向、丧失根本。在全球化趋势深入发展的今天，必须充分认识我国传统文化的历史意义和现实价值，以礼敬自豪的态度对待我们的优秀文化传统，努力在继承优秀传统文化的基础上铸造中华文化的新辉煌。"①

物质贫困不是社会主义，精神贫困也不是社会主义。当前在推进社会主义市场经济体制改革的攻坚阶段，传承中国传统商人诚信文化，对于建立以诚信为主要内容的社会主义市场规则，保证社会主义市场经济的正常发育；对于重构社会主义道德规范，形成"守信光荣、失信可耻"的优良社会氛围；对于呼唤社会和谐善良良知的回归；对于推动社会主义文化大发展大繁荣都有十分重要的意义。因为，传统商人诚信文化是中华民族优良品质和民族文化精髓的集中体现，是中国商人自我发展、自我约束、自尊自爱，和谐共赢优良传统的集中体现。从社会经济行为讲，传承了传统商人的一言九鼎、言不二价的诚信文化，我们就能够克服现实经济生活中的漫天要价、任意低昂，抹尾短算、把持高抬，形成公平交易的市场氛

---

① 刘云山：《大力弘扬中华文化，建设中华民族共有精神家园 更加自觉、主动地推动社会主义文化大发展大繁荣》，《人民日报》2007年10月29日。

围；传承了传统商人货真价实、戒欺戒诈的诚信文化，我们就会克服现实经济生活中的非法造假、合同欺诈，伪货掺假、指鹿为马，诓卖欺买、偷税漏税，保持清净自律的市场平台；传承了传统商人见利思义、宅心仁厚的诚信文化，我们就会克服现实经济生活中的加戥索值、添价钻夺，高抬时价、尔虞我诈，借款赖账、逃废债务，走私骗汇、携资潜逃的不正当交易行为，形成公正仁义的市场风气；传承了传统商人忠厚为本、以义求财的诚信文化，我们就会克服现实经济生活中的虚假报表、黑幕交易，价格陷阱、伪装上市，短价混买、渔利分肥的不良行为，形成人自为善、平等和谐的市场文明；传承了传统商人笃而不贪、吃亏是福的诚信文化，我们就会克服现实经济生活中的踩价卡卖、牵扯夺买、把持苛派、恶语伤人、拦路邀截、拦藏勾引的贪婪行径，形成公买公卖、和气礼貌的服务风貌，保证社会主义市场经济的正常发育和平稳发展，并使人民在公平公正、清净无邪的社会经济和道德生活中，享受富裕的物质生活和高雅的精神生活，提升自身的思想道德素质，实现人的全面发展。

传承传统商人的诚信文化贵在创新。传统商人的诚信文化毕竟是在自然经济占主导地位，商品经济不够发达，市场经济因素初露端倪的历史条件下形成和发展起来的商业文化，它自身必不可避免地带有社会信用缺失、社会公德缺失和法律后援缺失的历史局限性。这便要求我们在传承传统商人诚信文化的同时，必须密切联系当今世界正处在大发展、大变革、大调整时期，文化在综合国力竞争中的地位和作用更加凸显，维护国家文化安全任务更加艰巨，增强国家文化软实力、中华文化国际影响力要求更加紧迫。当代中国进入了全面建设小康社会的关键时期和深化改革、扩大开放、加快转变经济发展方式的攻坚时期，坚持文化传承创新，在弘扬中华优秀传统文化的基础上创造出中华文化新的辉煌。这里的传承创新，就是实现传统优秀文化与现代新兴文化的统一。既要坚持传统商人诚信文化符合民族精神核心价值和优秀禀赋的精华，包括传统商人诚信文化凝练出的一言九鼎、言不二价、货真价实、戒欺戒诈、见利思义、宅心仁厚、忠厚为本、以义求财、以人为本，笃而不贪、吃亏是福、和气生财这些代表我们民族文化精、气、神为民众喜闻乐见的洗练话语，以及传统商人诚信文化中符合市场经济发展要求的制度创新和操作规程。又要注意剔除传统商人诚信文化中所包含的小农意识、熟人观念、农本情结等落后于现时代的糟粕，更要下气力融入现代市场经济下的现代诚信文化所要求的民主精神、科学精神、法治精神、竞争精神、公平精神等新理念，尤其注意突出现代诚信文化所要求的经济范畴、法制保证，使诚信社会化、公德化、制度化和法制化。这样才能使传统商人的诚信文化枯木逢春，老树新芽，永葆其旺盛和可持续发展的生命力。

第三节

世界诚信文化"中西融合"的灿烂未来

　　1842年在南京长江江面英国军舰"汉华号"签订的《南京条约》，宣布了一个时代的结束。西方人借助船坚炮利推行"西力东渐"，以其"武器的批判"给了素来主张"批判的武器"的中国人以致命一击。消息传出后，举国哗然，一种"以夷变夏"、亡国灭种的恐惧，流播全国，有人甚至发出了"中华何处是神州"的悲情呼喊。面对民族危亡，一些有血性满怀焦虑的中国知识分子，为了对抗西方的商品和文化侵略，试图用中国的传统文化反对西方的外来文化，发出了"中国先睡后醒论"和"中国睡狮论"，幻想"以夏变夷"，表现了中国人民民族精神的悲壮。但是而后接连不断的二次鸦片战争、中法战争、甲午战争、八国联军侵华战争的惨败，使中国人对传统文化寄予的希望破灭，纷纷出洋考察，被西方表面的繁荣所陶醉，回来后发出"西方文化优越论"，说西方的月亮圆，西方的石头硬，西方的水都是维他命，并开始对中国的传统文化嗤之以鼻，视之为"吃人的宴席"，弃之如敝屣。

　　这种百年以来"中西之争"、"夏夷之辨"的纠结，本质上是两种文化的博弈、激荡、融合，在诚信文化上表现得如出一辙。

　　西方文化本质上是海洋文化。不论是古希腊、古罗马，还是后来的葡萄牙、西班牙、英国、法国，它们都是岛国、半岛国，长期环海的自然环境使这些国家的人产生了对船的敬仰崇拜，"诺亚方舟"就是他们的精神归宿。古希腊、古罗马人对造一只好船、大船，有坚不可摧的渴望。船带给西方人的是冒险精神和探险精神，只要船坚就可以到遥远的大海去探索发现。这种航海的需求，促进了西方人对天文、数学知识的了解，萌生了重视和率先发展科学技术的愿望。此外，常在海上活动的民族，为了抵御风浪和求得生存，使他们容易会合成一种自由奔放、自由度很高的群体，形成追求自由、无拘无束的生活方式。这种自由的生活方式，在贸易上就是追求平等、公平，加之海盗式的同舟共济、生死相依产生原始的民主思想。因此，西方的民主、自由思想与其岛国文化、环海岛国、半岛国的海洋文化有着直接的因果关系。而这种民主、自由的思想又在西方科学技术革命中以及资本主义自由市场经济中发挥得淋漓尽致。这是一种社会进步，是一种解放生产力的最有效的文化基础。重科学、重教育，使科学技术前所未有地进步，生产力发展，对人类作出了贡献。对此，生活在陆地上的中国人梁启超曾有过惊异的发现和比较："海也者，能发人进取之雄心也，陆居者以怀土为故，而种种之系累生也。试一观海，忽觉超然万累之表，而行为思想，皆得无限自由。彼航海者，其所求固在利也，然求之之始即不可先置利害于度外，以性命财产为赌注，冒万险而一掷之。固久于海上者，能使精神日以勇猛，日以高尚。此古来濒海之民，所以比陆居者活气较盛，进取较锐。"①梁氏的感觉应当是真实的。

西方海洋文化使其民族又带有天然的攻击性。这是由于他们长期生活在海洋上风雨不测，海浪无情，生命得不到保障，强者生、弱者亡更趋于物竞天择，攻击性强，其结果是容易伤害别人，所以西方教义上讲的人生来是有罪的，需要不断地改造自己，博爱向善，常常忏悔自己的过错和原罪，日后才可升入天堂。西方文化的另一个缺点是排外，内部较团结，强调法治，缺乏对私欲的道德约束和道德要求。所以资本主义的发展是很有局限性的。

人类历史进入近代社会以后，西方科学技术、经济贸易、金融资本首先发达并不神秘，是人类历史的规律的产物。是在人类历史发展过程中，海洋文化因其适应贸易发展需要，使其获得了称雄世界一段时间的一席之地。这是一个优秀民族引领世界走一段路程的历史责任和历史贡献。而此

---

① 梁启超：《饮冰室合集》，中华书局1989年版，第18页。

时的东方文化，则处在休养生息，蓄势待发的态势。

中国古代封建王朝最终选择了儒家文化，孔子文化作为占统治地位的文化，同样是与整个中华民族、大陆文化、农耕文明所追寻的自然和谐分不开的。孔子儒家学说教导就是仁和、仁义、仁慈、和谐、和睦、守礼仪、守规矩，并且是要非礼勿视、非礼勿闻，诚信为人、诚实可靠、忠厚待人，诚信贵于生命；君子重诚信、不违言、不反复，不做小人。之所以会如此，就是因为中国农耕文明稳定自然，没有海上生活的那种惊涛骇浪，这样的社会生活环境决定了她的文化信仰、文明发展以和为贵的主基调，形成了追求因果、善恶报应，附丽向善、诚实的民族特质。

这种东西方文化禀赋上的差异，决定了它们都是人类文明的组成部分，各有其长，各有其短。当海洋文化引领世界一段时间后，其内部的发展动力耗散净尽，发展中产生的矛盾无法解决时，自然会让位给以和为贵蓄势待发的中国文明，这是世界文化发展的必然规律，浩浩乎襄山夷陵，不可抗拒。

中西文化禀赋的差异在商业和商人诚信文化上也表现出明显的不同。

中国商人诚信文化的核心价值"仁义理性"，是对西方"利益理性"的重要修补。自从亚当·斯密从"理性人"假说出发，构建市场经济理论以来，"利益理性"成为人们说明社会经济行为出发点的"不二法门"。但"利益理性"却有本身不可避免的局限性。人们对利益的无限追求必不可免地造成生产过度和对资源的索取过度，造成人与自然之间的严重对立；同时，"利益理性"引导下的财富分配和占有，又会造成人与人之间利益争夺的激烈竞争，造成人与人之间的严重对立，导致人类利益争夺的血腥场景。而中国传统商人在长期经营中形成的"以人为本，驽而不贪"诚信精神，正好是对"利益理性"局限性的有力补充，表现了中国商人对人与自然以及人与人关系的成熟思考和东方商人的洒脱心怀。"广陵商人李钰，世居城市，贩粟为业。而钰性端谨，异于常辈。年十五，随父贩粟。父适他行，以钰专其事。人有购之，钰即授之以升斗，俾令自量，不计时之贵贱，一斗只求两文利，以资父母。岁月既深，衣物甚丰。父怪而问之，具以实对。父曰：'吾之所业，同流者众，无不用出入升斗，出轻入重，以窥厚利，虽官司以春秋较推，然终莫断其弊。吾早悟之，但一升斗，出入皆用之，自以为无偏久矣，汝今更出入任之自量，吾不可及也。然衣食丰给，岂非神明之助也？'后父母去世，及钰年八十余，不改其业。"①反映了中国商人对"贪贾三之，良贾五之"商业规律理性的认识。而河南商人康百万留给后人的遗言《留余匾》，则留下了中国传统商人对世界和对人生的哲学思考。"留耕道人《四留铭》云：'留有余不尽之巧以还造化，留有余不尽之禄以还朝廷，留有余不尽之利以还百姓，留有余不尽之钱以还子孙。'盖造物忌盈，事太尽，未有不贻后悔者。高景逸所云：'临事让人一步，自有余地；临事放宽一分，自有余味。'推之，凡事皆然。坦园老伯以'留余'二字颜其堂，盖取留耕道人之铭，以示其子孙者。为题数语，并取夏峰先生训其诸子之词以括之曰：'若辈知昌家之道乎？留余忌尽而已。'"②这是中国传统商人对"满则虚"、"盈则亏"生活辩证法的深层次理解，也是中国传统商人以人为本"仁义理性"的坦然表露，它与西方商人过度追求利益的"利益理性"形成了明显的对照，是中国传统商人贡献给世界商业文化的重要成果。

　　世界文化大师汤比因在比较中西文化的差异后曾经说道：世界文化发展最需要的不是西方的利益竞争，它造成了人们之间的激烈对立。世界文化发展最需要的是中国的"中庸"精神，它是造成人与人之间和谐发展的保证。这是对中国传统商业诚信文化的世界文化地位最科学的评价。

---

　　① 邱绍雄：《中国商贾小说史》，北京大学出版社2004年版，第143页。

　　② 陈义初：《康百万庄园兴衰四百年的奥妙》，河南人民出版社2007年版，第45页。

参考书目

一 史料

1.阮元：《十三经注疏》，中华书局1982年用原世界书局缩印本影印全二册。

2.《四书章句集注》，四部备要本。

3.杨伯峻：《论语译注》，中华书局1981年修订重印。

4.兰州大学中文系：《孟子译注》，中华书局1960年版。

5.孙诒让：《墨子闲诂》，中华书局1954年重印。

6.魏源：《老子本义》，中华书局1955年重印。

7.任继愈：《老子新译》，上海古籍出版社1979年版。

8.王夫之：《庄子解》，中华书局1981年重印。

9.郭庆藩：《庄子集释》，中华书局1978年重印。

10.杨伯峻：《列子集释》，龙门联合书局1958年版。

11.郭沫若、闻一多、许维遹：《管子集校》，科学出版社1956年版。

12.陈奇猷：《韩非子集释》，中华书局上海编辑所1958年版。

13.许维遹：《吕氏春秋集释》，古籍刊行社。

14.沈玉成：《左传译文》，中华书局1981年版。

15.韦昭注：《国语》，上海古籍出版社1978年新校点本。

16.司马迁：《史记》，中华书局。

17.班固：《汉书》，中华书局。

18.范晔：《后汉书》。

19.王先谦：《汉书补注》，商务印书馆1959年重印。

二 商书

1.（明）李晋德：《客商一览醒迷》，山西人民出版社1992年版。

2.（明）黄汴著，杨正泰校注：《天下水陆路程》，山西人民出版社1992年版。

3.（明）张应俞著，孟昭连整理：《江湖奇闻杜骗新书》，百花文艺出版社1993年版。

4.（明）陶承庆：《华夷风物商程一览》，影印自日本内阁文库。

5.（明）程春宇：《士商类要》，上海古籍出版社2001年版。

6.（明）黄汴：《一统路程图记》，上海古籍出版社2001年版。

三 文集、笔记

1.（明）王士性：《五岳游草》，中华书局2006年版。

2.（明）王士性：《广志绎》，中华书局2006年版。

3.（明）王世懋：《闽部疏》，台北：新兴书局1978年版。

4.（明）丘浚：《大学衍义补》，台北：新文丰出版公司1996年版。

5.（明）朱国祯：《涌幢小品》，台北：新兴书局1978年版。

6.（明）宋应星：《天工开物》，台北：台湾古籍出版社2004年版。

7.（明）李陈玉：《退思堂集》，影印自日本尊经阁文库。

8.（明）屈大均：《广东新语》，台北：新兴书局1978年版。

9.（明）范濂：《云间据目钞》，台北：新兴书局1978年版。

10.（明）徐光启著，石汉声校注：《农政全书校注》，台北：明文书局1981年版。

11.（明）徐霞客：《徐霞客游记》，台北：台湾古籍出版社2002年版。

12.（明）徐献忠：《吴兴掌故集》，台北：新文丰出版公司1989年版。

13.（明）张履祥：《杨园先生全集》，台北：环球书局1968年版。

14.（明）张瀚：《松窗梦语》，中华书局1997年版。

15.（明）陈全之：《蓬窗日录》，上海书店2009年版。

16.（明）陈良谟：《见闻纪训》，台北：新兴书局1978年版。

17.（明）陈懋仁：《泉南杂志》，台北：新兴书局1978年版。

18.（明）陈继儒：《虎荟》，台北：新兴书局1978年版。

四 明清小说

1.（明）洪楩编《清平山堂话本》十二卷

2.（明）佚名撰《京本通俗小说》七卷

3.（明）冯梦龙辑《喻世明言》二十四卷

4.（明）冯梦龙辑《警世通言》四十卷

5.（明）冯梦龙辑《醒世恒言》四十卷

6.（明）凌濛初辑《初刻拍案惊奇》四十卷

7.（明）凌濛初辑《二刻拍案惊奇》四十卷

8.（明）陆人龙撰《三刻拍案惊奇》十二卷

9.（明）陆人龙撰《型世言》十二卷

10.（明）周清源撰《西湖二集》三十四卷

11.（明）天然痴叟撰《石点头》十四卷

12.（明）罗贯中撰《三国演义》一百二十回

13.（明）施耐庵撰《水浒传》一百二十回

14.（明）吴承恩撰《西游记》一百回

15.（明）罗懋登撰《三宝太监西洋记通俗演义》二十卷

16.（明）许仲琳撰《封神演义》二十卷一百回

17.（清）笔炼阁主人撰《五色石》八卷

18.（清）佚名撰《八段锦》

19.（清）鸳湖烟水散人著《珍珠舶》六卷十八回

20.（清）里人何求撰《闽都别记》四百零一回

21.（清）李雨堂撰《万花楼演义》十四卷六十八回

22.（清）空谷老人撰《续英烈传》五卷三十四回

23.（清）贪梦道人撰《彭公案》二十三卷一百回

24.（清）佚名撰《刘公案》二十回

25.（清）佚名撰《施公案》四百二十回

26.（清）佚名撰《于公案》十回

27.（清）佚名撰《毛公案》六回

28.（清）李汝珍撰《镜花缘》一百回

29.（清）佚名撰《蕉叶帕》四卷十六回

五 今人著作

1.魏灭安：《宋代行会制度史》，东方出版社1997年版。

2.尹进：《中国古代商品经济与经营管理研究》，武汉大学出版社1991年版。

3.张海鹏、张海瀛：《中国十大商帮》，黄山书社1993年版。

4.田际康、刘存善：《山西商人的生财之道》，中国文史出版社1986年版。

5.张正明：《晋商兴衰史》，山西古籍出版社2001年版。

6.王孝通：《中国商业史》，上海书店出版社1984年版。

7.蒋建平、柳思维等：《中国商业经济思想史》，中国商业出版社1990年版。

8.虞祖尧、周彦彬等：《中国古代经济著述选读》，吉林人民出版社1985年版。

9.干雷鸣：《历代食货志注释》，第一、二、三册，农业出版社1984年版。

10.陈国恩、袁晖：《中国古代德行新典》，中国工人出版社1995年版。

11.刘淑英：《中国人口史话》，辽宁人民出版社1987年版。

12.王育民：《中国人口史》，江苏人民出版社1995年版。

13.施忠连：《传统中国商人的精神弘扬》，海天出版社1993年版。

14.潘乃樾：《企业管理思想》，农业出版社1991年版。

15.罗国杰：《中国传统道德普及本》，中国统计出版社1997年版。

16.罗国杰：《中国传统道德简编本》，中国人民大学出版社1995年版。

17.罗国杰：《中国传统道德德行卷》，中国人民大学出版社1995年版。

18.罗国杰：《中国传统道德理论卷》，中国人民大学出版社1995年版。

19.罗国杰：《中国传统道德规范卷》，中国人民大学出版社1995年版。

20.罗国杰：《中国传统道德名言卷》，中国人民大学出版社1995年版。

21.钟兴永：《中国集市贸易发展简史》，成都科技大学出版社1996年版。

22.麦迪：《晋商经营天下的64个方略》，企业管理出版社2001年版。

23.杨敏：《儒家思想与东方型经营管理》，湖北人民出版社1990年版。

24.王相钦：《中国近代商业史稿》，中国商业出版社1990年版。

25.吴承洛：《中国度量衡史》，上海书店出版社1984年版。

26.赵伯陶：《智谋与艰辛——中国历代商人透视》，农村读物出版社1992年版。

27.孙智英：《信用问题的经济学分析》，中国优秀硕博士学位论文全文数据库。

28.张海鹏、王廷元：《明清徽商资料选编》，黄山出版社1985年版。

29.张海鹏、王廷元：《徽商研究》，安徽人民出版社1995年版。

30.于坤、马小永：《徽商与晋商：官商·家族经营》，兵器工业出版社2001年版。

31.吴慧：《中国古代商业政策十二讲》，中国商业出版社1981年版。

32.李刚：《陕西商帮史》，西北大学出版社1997年版。

33.李刚：《陕西商人研究》，陕西人民出版社2007年版。

34.李刚：《陕西掌柜》，福建人民出版社2000年版。

35.李刚：《陕西商帮十讲》，陕西人民教育出版社2008年版。

36.李刚：《李刚话陕商》，三秦出版社2009年版。

37.李刚：《明清陕西商人经营管理制度研究》，陕西人民出版社

2010年版。

38.李刚：《解密陕商》，陕西师范大学出版社2011年版。

39.李刚：《大话陕商》，陕西人民出版社2007年版。

六 论文

1.高春平：《诚信晋商》，《山西社会主义学院学报》2009年第2期。

2.李艳馨：《诚信与创新——晋商兴衰的原因解析》，《山西高等学校社会科学学报》2011年第2期。

3.武占江：《传统诚信观与晋商的经营管理》，《经济与管理》2004年第4期。

4.王继军、何建华：《晋商诚实信用法律文化特点研究》，《山西大学理论探索》2002年第4期。

5.张艺桓：《晋商诚信理念与现代企业文化战略刍议》，《山西农业大学学报》2010年第3期。

6.赵学军：《略论20世纪50年代中国的商业信用》，《当代中国史研究》2006年第3期。

7.王祥：《论明清时期徽商的"诚信"观》，《安徽教育学院学报》2003年第21卷第1期，第40—42页。

8.韩瑞军：《论清代前期民间商业诚信》，《商业研究》2007年第6期。

9.韩瑞军：《明代民间商业信用初探》，《江苏商论》2006年第5期。

10.韩瑞军：《略论清代前期民间商业信用的作用》，《江苏商论》2006年第6期。

11.全贤淑：《论以"三言""二拍"为代表的明代白话短篇小说中商人的诚信观念》，《新疆大学学报》2007年第35卷第4期。

12.王劲松：《山西票号与近代社会信用》，《武汉大学学报》2008年第6期。

13.吕建锁、陈发雨：《甬商钱庄与晋商票号的信用制度比较研究》，《宁波大学学报》2009年第1期。

14.谢秀丽：《论清代前期民间商业信用中的风险及防范问题》，《人文杂志》2008年第2期。

15.缪坤和、杨华星：《浅论唐宋时期的信用形式》，《思想战线》2003年第5期。

16.朱英：《中国商人诚信观的发展演变》，《贵州社会科学》1999年第4期。

17.杨如顺：《"诚信"与"节俭"——传统中国商人的优秀品质》，《中国商人》1994年第2期。

18.薛亚玲：《诚信、勤俭与进取——从明清小说看我国古代商人的经商之道》，《太原师范学院学报》2005年第4期。

19.孟江涌、储小平：《从传统文化看中国商人的诚信》，《山西财经大学学报》2003年第4期。

20.孙强：《中国古代商人的诚信传统与当代商业道德建设》，《沈阳师范大学学报》2003年第2期。

21.范红：《中国传统文化与商人的诚信》，《陕西教育》2008年第7期。

后 记

本书是我们从微观探究陕西商帮史，逐渐上升到对中国传统文化进行研究整理的一个初步成果。

我的科研团队成员，对本书的写作都作出了他们的贡献。参加本书写作的我的博硕士研究生有：郭松、赵鹏、曹宇明、曹向阳、李玉雯、侯苗丽、杜晨子、李薇、张蕾、李丹、赵沛、广红娟、张启云等。其中，刘建仓参与了全书的统稿和技术处理工作。一本小书，凝聚了这么多人的心血，这本身是现代科学研究发展态势的一个体现。

在本书出版之际，我们深深地感谢多年以来对我们研究关心的领导和同志。感谢陕西省委书记赵乐际同志、陕西省委宣传部长胡悦同志、原陕西省人大副主任刘维隆同志、陕西省副省长景俊海同志，他们对我们研究工作的关心支持令人鼓舞；感谢西北大学经济管理学院任保平教授、赵守国教授对本书的支持；感谢西北大学哲学与社会学学院陈国庆教授，杨建洲研究员，杨洪、王永智教授，李现今副研究员对作者多年的关怀。感谢出版社同志们认真仔细的工作态度。

老骥伏枥，志在千里；烈士暮年，壮心不已。当我起早贪黑伏案写作的时候，一种多年工作养成的悸动依然在胸中激荡，这是脚下这一方黄土地的养育能力和创造能力羽化的结果。掩卷凝思，常有老泪纵横之叹，我虔诚地感谢我的母亲将我生在了这片厚重多情的黄土地上和她身边流淌不息的黄河。

作者

2011年10月于西北大学五车斋